HAUPTSACHE HERZHAFT

Schlemmen ist Pflicht!

Media Partisans GmbH
Berliner Str. 89
14467 Potsdam

ISBN: 978-3-9819299-6-6

Lecker Schmecker

Du findest uns auf:
www.leckerschmecker.me

Für jedes Rezept gibt es einen QR-Code als Direktlink zum Rezeptvideo.

Bist auch du davon überzeugt, dass Essen in erster Linie richtig lecker sein muss? Hast du die Nase voll vom Gesundheitswahn in der Küche? Hängen dir „fettreduziert“ und „kalorienarm“ zum Halse raus? Dann wird dies hier dein neues Lieblingsbuch! Denn hier werden keine Kalorien gezählt, das Einzige, was zählt, ist der Genuss – und damit kennen wir uns bestens aus. Nicht ohne Grund lieben Millionen Menschen unsere Kochvideos im Internet. Sie wissen, dass es hier immer schmeckt und garantiert nie langweilig wird. Dieses einzigartige Kochbuch bietet 80 herzhafte Rezepte, die auch Kochmuffel mit prallem Geschmack und aufregenden Ideen davon überzeugen, dass Essen Spaß macht.

WAS KOCHE ICH HEUTE?

Hauptsache Herzhaft
Schlemmen ist Pflicht!

Bierdosen-Burger

Dafür brauchst du:

Rinderhackfleisch	500 g
Bacon	12 Scheiben
geriebenen Cheddar	80 g
geriebenen Mozzarella	80 g
Frischkäse	50 g
mittelgroße Zwiebel	1
gewürfelte Jalapeño	1 EL
Burgerbrötchen	2

Zubereitung	ca. 25 Min
Grillen niedrige Hitze	ca. 25 Min
Portionen	2

So geht´s:

1. Forme das Fleisch zu zwei Kugeln und drücke in diese mithilfe einer Getränkedose ein tiefes Loch. Umwickle den Rand der Fleischmasse mit jeweils vier Scheiben Bacon, dann entfernst du vorsichtig die Dose.
2. Um die Füllung zuzubereiten, gibst du den Frischkäse, den Cheddar, den Mozzarella und die Jalapeños in ein Schälchen und mischst die Zutaten zu einer Creme. Mit dieser füllst du die Vertiefung in den Burgerpattys auf.
3. Schneide aus der Zwiebel vier große Ringe, die du mit jeweils einer Scheibe Bacon umwickelst.
4. Dann werden die Leckereien bei indirekter Hitze bzw. ca. 160 °C für 20 bis 25 Minuten gegrillt. Zum Servieren gibst du den Patty mit je zwei Zwiebelringen in ein Burgerbrötchen.

Das Rezept als Video: www.leckerschmecker.me/dosenburger/

Kartoffelpizza

Dafür brauchst du:

Mozzarella	150 g
Tomatensoße	80 ml
Räucherschinken	4 Scheiben
mittelgroße Champignons	2
Kartoffel	1
Ei	1
Parmesan	2 EL
Olivenöl	1 TL
Oregano	1 TL
frisch gemahlenen Pfeffer	

Zubereitung	ca. 20 Min
Kochen	11 Min
Portionen	4

So geht's:

1. Wasche die Kartoffel und schneide sie in sehr dünne Scheiben.
2. Erhitze das Olivenöl in einer Pfanne und lege die Kartoffelscheiben fächerartig von außen nach innen hinein. Die Scheiben sollen sich dabei etwas überlappen.
3. Streue den Parmesan über die Kartoffeln und lasse beides mit geschlossenem Deckel für 5 Minuten köcheln.
4. Gib die Tomatensoße auf die Kartoffeln und verteile sie gleichmäßig. Streue den Oregano darauf und verteile außerdem die in Scheiben geschnittenen Champignons. Auch der in Scheiben geschnittene Mozzarella wird kreisförmig auf die Zutaten gelegt. In der Mitte bleibt ein Loch, in welches du das aufgeschlagene Ei hineingibst.
5. Mit geschlossenem Deckel garen die Zutaten nun weitere 6 Minuten, ehe du dein Mahl vorsichtig auf einen Teller gleiten lässt.
6. Lege den Räucherschinken auf die Pizza und würze sie mit etwas frisch gemahlenem Pfeffer.

Das Rezept als Video: www.leckerschmecker.me/kaese-bacon-tornado/

Hotdog-Pizza

Dafür brauchst du:

runden Pizzateig	1
Wiener Würstchen	6
Tomatensoße	75 ml
Sahne	50 ml
geriebenen Mozzarella	50 g
Senf	1 EL
Gewürzgurken in Scheiben	1 EL
Röstzwiebeln	3 EL
verquirltes Ei	1

Zubereitung	ca. 30 Min
Umluft	180 °C – 20 Min
Portionen	6–8

So geht´s:

1. Lege mit fünf Würstchen einen Kreis auf den Rand des Pizzateigs. Dabei sollten rund 3 cm Teigrand überstehen. Schneide den Teigrand zwischen den Wurstenden ein und klappe den Teig nun über die Würste. Ziehe den Teig vorsichtig um die Würstchen und drücke ihn unter ihnen fest, um sie ganz zu umschließen.

2. Nun schneidest du die eingeschlagenen Würstchen je drei Mal ein. Am gleichmäßigsten wird das Resultat, wenn du jede Wurst erst in der Mitte schneidest, dann in den Mitten der Hälften. So erhältst du vier gleich große Stücke je Wurst.

3. Drehe die Wurststückchen samt ihrem Teigmantel um 90 Grad. Ihre angeschnittenen Enden zeigen nun auf den Teig.

4. Verteile dann die Tomatensoße auf dem Teig. Erhitze anschließend Sahne, Mozzarella und Senf auf niedriger Stufe unter Rühren im Topf, bis die Zutaten eine gleichmäßige, cremige Masse bilden. Löffle die Käsesoße vorsichtig auf die Pizza. Da sie fester ist als die Tomatensoße, solltest du sie löffelweise auf diese geben.

5. Zum Schluss verteilst du die Gewürzgurken, das noch verbliebene Würstchen – in Scheiben geschnitten – und die Röstzwiebeln auf der Pizza. Bestreiche den Würstchenrand mit Ei und backe die Pizza bei 180 °C für 20 Minuten.

Das Rezept als Video: www.leckerschmecker.me/hotdog-pizza/

Georgisches Brot

Dafür brauchst du:

runden Pizzateig	1
Rinderhackfleisch	200 g
geriebenen Cheddar	100 g
Mozzarella in Stücke geschnitten	1
getrocknete Tomaten längs halbiert	5
Ei	1
gewürfelte Zwiebel	1
gehackte Knoblauchzehe	1
Tomatensoße oder passierte Tomaten	80 ml
Schnittlauch	1 EL
Salz	
Pfeffer	

Zubereitung	ca. 20 Min
Umluft	180 °C – 25 Min
Portionen	1

So geht's:

1. Rolle den Teig auf einer bemehlten Arbeitsfläche aus. Nun legst du den Mozzarella wie gebogene Klammern an zwei gegenüberliegenden Seiten auf den Teigrand. Mit den getrockneten Tomaten verfährst du genauso – sie kommen jeweils an die Innenseiten der Mozzarellaklammern.
2. Schlage den Pizzateig vorsichtig über den Mozzarella und die Tomaten ein und rolle ihn ein wenig ein. Zum Schluss drückst du die Enden zu Spitzen zusammen. Das Ganze sollte nun in etwa bootförmig aussehen.
3. Vermische für die Füllung das Hackfleisch mit der Zwiebel, dem Knoblauch, der Tomatensoße und etwas Salz und Pfeffer. Die Masse verteilst du nun gleichmäßig im Brot, streichst sie glatt und drückst sie mit einem Löffel leicht an.
4. Streue den geriebenen Cheddar über das Brot. Als letzten Schliff schlägst du ein rohes Ei in die Mitte.
5. Backe alles bei 180 °C für etwa 25 Minuten im vorgeheizten Backofen.

Das Rezept als Video: www.leckerschmecker.me/georgisches-brot/

Hackbällchen am Spiess

Dafür brauchst du:

Hackbällchen

Rinderhackfleisch	750 g
Ei	1
Kreuzkümmel	1 TL
Paprikapulver	1 TL
Salz	1 TL
Pfeffer	1/2 TL

Tomatensosse

Pizzatomaten	300 ml
gewürfelte Zwiebel	1
gehackte Knoblauchzehe	1
gehackte Minze	1 TL
gehackte Petersilie	1 TL
Kreuzkümmel	1/2 TL
Olivenöl	1 EL
Salz	
Pfeffer	

Blätterteig	1 Portion
Schaschlikspieße	

Zubereitung	ca. 20 Min
Umluft	180 °C – 10 Min
Portionen	6

So geht´s:

1. Verknete das Hackfleisch gleichmäßig mit Gewürzen und Ei.
2. Forme aus dem Hackfleisch 24 gleich große Hackbällchen. Je Spieß benötigst du vier Stück.
3. Schneide den ausgerollten Blätterteig in sechs gleich breite Streifen.
4. Stich nun einen Schaschlikspieß durch ein Ende eines Blätterteigstreifens und setze ein Hackbällchen darauf. Stich erneut Teig auf, den du um das Bällchen legst, und fahre mit einem weiteren Hackbällchen fort, bis vier Stück am Spieß sind. Der Blätterteig bildet dabei am Ende ein doppeltes S, das sich um die Bällchen schlängelt.
5. Bei 180 °C werden die Spieße für 10 Minuten gebacken.
6. Für den Dip erhitze das Olivenöl und brate Zwiebel und Knoblauch an. Fülle mit den Pizzatomaten auf und füge dann sowohl die Gewürze als auch die Kräuter zur Soße hinzu. Nun lasse sie so lange einkochen, bis die Soße eingedickt ist.

Das Rezept als Video: www.leckerschmecker.me/hackbaellchen-am-spiess/

Käse-Bier-Dip

Dafür brauchst du:

Teig

Mehl	400 g
Wasser	250 ml
gewürfelten Cheddar	100 g
Trockenhefe	15 g
Pflanzenöl	4 EL
Salz	2 TL

Dip

geriebenen Cheddar	280 g
Frischkäse	200 g
geriebenen Mozzarella	100 g
Bier	100 ml
gehackten Schnittlauch	20 g
gehackte Knoblauchzehe	1
Eigelb	1

Zubereitung	1,5 Std
Umluft	180 °C – 30 Min
Portionen	12

So geht´s:

1. Verknete alle Zutaten für den Teig – bis auf den Cheddar – zu einer Kugel und lasse diese an einem warmen Ort für eine Stunde gehen. Wenn der Teig aufgegangen ist, forme zwölf gleich große Kugeln aus ihm und schließe in jede Kugel je einen Cheddarwürfel ein.
2. Platziere die Kugeln am Rand einer feuerfesten Pfanne so, dass sie einen Kreis bilden.
3. Gib nun die Zutaten für den Dip in eine Schüssel und mische sie. 80 g Cheddar stellst du beiseite. Fülle die Creme ins Innere des Teigkreises.
4. Bestreiche die Teigkugeln mit Ei und streue den restlichen Cheddar auf den Dip.
5. Dann gibst du die Pfanne bei 180 °C für 30 Minuten in den Ofen.

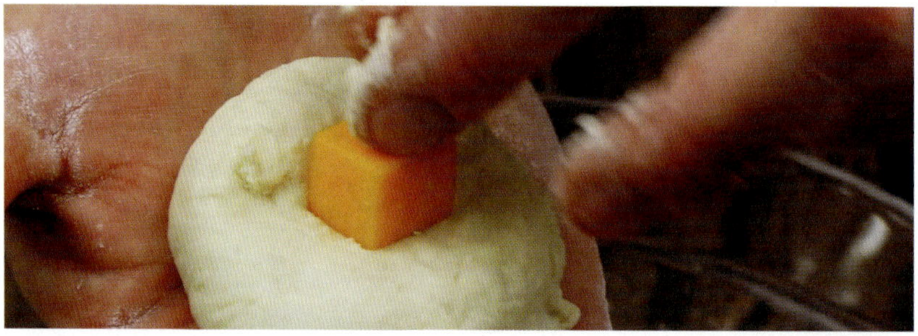

Das Rezept als Video: www.leckerschmecker.me/kaese-bier-dip/

Backkartoffel „Stroganoff"

Dafür brauchst du:

große Kartoffel	1
Rindfleisch grob gewürfelt	120 g
Gemüsebrühe	150 ml
Crème fraîche	70 g
geriebenen Cheddar	50 g
gewürfelte Zwiebel	1
halbierte Kirschtomaten	6
gehackte Knoblauchzehe	1
Tomatenmark	2 EL
Senf	1 TL
zerbröselte Kartoffelchips	
Pflanzenöl	
Salz	
Pfeffer	

Zubereitung	ca. 30 Min
Umluft	180 °C – 60 Min
	+ 200 °C – 10 Min
Portionen	1

So geht´s:

1. Wasche die Kartoffel, wickle sie in Alufolie und backe sie bei 180 °C für 60 Minuten. Erhitze etwas Öl in einer Pfanne und brate das Rindfleisch fast gar. Gib Zwiebeln und Knoblauch hinzu und schwitze beides kurz an.

2. Gieße mit der Gemüsebrühe auf, füge Kirschtomaten, Crème fraîche, Tomatenmark und Senf hinzu und verrühre die Zutaten. Nun wird noch gesalzen und gepfeffert, dann lässt du die Pfanne 10 Minuten lang vor sich hinköcheln.

3. Sobald die Kartoffel gebacken ist, schneidest du sie an der Oberseite auf und höhlst sie mit einem Löffel aus. Fülle sie mit dem Pfanneninhalt.

4. Um dem Ganzen den letzten Schliff zu geben, kommen geriebener Käse und zerbröselte Chips obendrauf. Dann backst du die Kartoffel ein zweites Mal bei 200 °C für 10 Minuten.

Das Rezept als Video: www.leckerschmecker.me/backkartoffel-stroganoff/

Hackfleisch-Pizza

Dafür brauchst du:

Rinderhackfleisch	300 g
geriebenen Mozzarella	150 g
Tomatensoße	100 g
Haferflocken	30 g
Ei	1
Kirschtomaten, in Scheiben	6
Champignons, in Scheiben	4
rote, gewürfelte Zwiebel	1
gehackte Knoblauchzehe	1
Oregano	1 TL
Cayennepfeffer	1/2 TL
frisches Basilikum einige Blätter	
Salz	

Zubereitung	ca. 25 Min
Umluft	190 °C – 20 Min
	+ 190 °C – 10 Min
Portionen	4–6

So geht´s:

1. Verknete für den Pizzaboden Hackfleisch, Ei, Haferflocken, Zwiebel, Knoblauch, Salz und Cayennepfeffer. Die Masse drückst du auf den Boden einer Springform und backst sie bei 190 °C für 20 Minuten.

2. Nach dem Backen wird die Tomatensoße auf dem Hackfleisch verteilt. Bestreue sie gleichmäßig mit Oregano und verteile die Champignons auf der Soße. Es folgen geriebener Mozzarella und Tomatenscheiben.

3. Schließlich wird das Gericht ein weiteres Mal bei 190 °C gebacken – diesmal für 10 Minuten. Danach garnierst du es mit einigen Blättern Basilikum.

Das Rezept als Video: www.leckerschmecker.me/hackfleisch-pizza/

Überraschungs-Brot mit Käse

Dafür brauchst du:

Blätterteig	1 Portion
Camembert	1
gewürfelten Bacon	75 g
gewürfelte Zwiebeln	60 g
gekochte Kartoffel in Scheiben	1
Eigelb	1
Mohn	1 Prise
Öl zum Braten	

Zubereitung	ca. 30 Min
Umluft	180 °C – 25 Min
Portionen	6–8

So geht's:

1. Schneide den Blätterteig in eine runde Form, teile den Camembert in Ober- und Unterseite und lege eine der Hälften mit der aufgeschnittenen Seite nach oben in die Mitte des Teigs.

2. Schneide den Teig bis zum Käse in acht gleich große Teile und setze eine Tasse auf den Rand der Teile. Schneide nun um den Rand der Tasse herum, sodass die Teigteile einen runden Rand erhalten und der Teig wie ein Blüte aussieht.

3. Erhitze das Öl in einer Pfanne, brate erst den Bacon, gib dann die Zwiebeln hinzu und brate auch diese an.

4. Gib Bacon und Zwiebeln auf den Käse, darauf die Kartoffelscheiben und die übrige Hälfte vom Käse. Schließe den Teig, indem du die acht "Blütenblätter" der Reihe nach über den Käse legst.

5. Bestreiche den Teig mit dem Eigelb und bestreue ihn mit etwas Mohn. Nun wird die Leckerei für 25 Minuten bei 180 °C gebacken.

Das Rezept als Video: www.leckerschmecker.me/ueberraschung-mit-kaese/

Bacon-Mais vom Grill

Dafür brauchst du:

vorgegarten Maiskolben	1
Bacon	7 Scheiben
Käse	2 Scheiben
Teriyakisoße	2 EL

Zubereitung	ca. 10 Min
Grillen	140 °C – 30 Min
Portionen	1

So geht´s:

1. Lege fünf Scheiben Bacon leicht überlappend längs nebeneinander. Zwei weitere Scheiben platzierst du darauf quer nebeneinander, etwa in Höhe des ersten Drittels. Vor dir liegt nun eine Art „Schinken-Kreuz", auf das du die beiden Scheiben Käse legst.

2. Lege den Maiskolben auf den Käse und rolle ihn – und zwar nur mit dem Käse – so ein, dass er sich auf Höhe der beiden querliegenden Baconstreifen befindet. Letztere schlägst du um ihn, um seine Enden zu bedecken. Dann rollst du den Mais auch längs mit Bacon ein.

3. Bestreiche die Rolle mit Teriyakisoße und grille sie bei indirekter Hitze bzw. 140 °C für etwa 30 Minuten. Dabei wendest du die Rolle mehrmals, um eine gleichmäßige Bräunung zu erhalten.

Das Rezept als Video: www.leckerschmecker.me/bacon-mais/

Club-Sandwich-Rolle

Dafür brauchst du:

Toastbrot	9 Scheiben
Hähnchenbrust gegart, zerkleinert	1
Kochschinken	3 Scheiben
Cheddar	3 Scheiben
Bacon	4 Scheiben
Mayonnaise	3 EL
Senf	2 EL
Pflanzenöl	

Zubereitung	ca. 20 Min
Braten	ca. 6–8 Min
Portionen	2

So geht's:

1. Entrinde die Toastscheiben und lege sie in einem Quadrat von drei mal drei Scheiben nebeneinander auf Frischhaltefolie. Die Toastscheiben überlappen sich dabei ein bisschen. Rolle sie behutsam mit einem Nudelholz flach.

2. Bestreiche das Brotquadrat mit Mayonnaise. Auf das untere Viertel gibst du die Hähnchenbrust. Auf das Viertel darüber folgt der Kochschinken, auf den du erst die Cheddar-Scheiben, dann den Bacon legst. Nun tröpfelst du den Senf auf deinen Belag.

3. Schon geht es an den entscheidenden Schritt, in dem du die Brote fest zusammenrollst. Dabei kannst du dir die Frischhaltefolie zunutze machen.

4. Entferne die Folie, teile die Rolle in zwei gleich breite Hälften, erhitze das Öl und brate die Rollenhälften von allen Seiten goldgelb an.

Das Rezept als Video: www.leckerschmecker.me/club-sandwich-rolle/

Feuriger Hähnchen-Auflauf

Dafür brauchst du:

Hähnchenbrust	400 g
Kartoffeln	200 g
Speck	150 g
geriebenen Cheddar	50 g
Frühlingszwiebel	1

Marinade

Olivenöl	50 ml
Chilisoße	2 EL
Paprikapulver	1 EL
Salz	1 EL
Knoblauchzehe	1

Zubereitung	ca. 20 Min
Umluft	175 °C – 35 Min
Portionen	6–8

So geht's:

1. Schneide die Kartoffeln und die Hähnchenbrust in Würfel. Brate den Speck an und tupfe das flüssige Fett ab. Schneide zudem die Frühlingszwiebel in Streifen. Vermenge die Kartoffeln, das Fleisch und die Frühlingszwiebel in einer Auflaufform.

2. Fertige die Marinade an, indem du das Paprikapulver, das Salz, die kleingeschnittene Knoblauchzehe, die Chilisoße sowie das Olivenöl in eine Schüssel gibst und gut miteinander verrührst.

3. Gib die Marinade zu den anderen Zutaten in die Auflaufform und vermische alles gut miteinander. Streue anschließend den Cheddar darüber und backe das Gericht bei 175 °C für 35 Minuten.

Das Rezept als Video: www.leckerschmecker.me/feuriger-haehnchen-auflauf/

Frühstücks-Bacon-Taco

Dafür brauchst du:

Taco

Bacon	12 Scheiben
Eier	2
geriebenen Käse	50 g
Schnittlauch zum Garnieren	

Außerdem

Gläser	2
Schaschlikspieße	3

Zubereitung	ca. 20 Min
Umluft	180 °C – 12 Min
Mikrowelle	550 W – 2 Min
Portionen	1

So geht's:

1. Ordne die Baconscheiben auf Backpapier zu einer Matte an, indem du die sechs Längs- und die sechs Querstreifen jeweils abwechselnd über- und untereinander legst. Backe die Baconmatte anschließend 12 Minuten lang bei 180 °C und schneide danach mithilfe einer kleinen Schüssel einen runden Fladen aus.

2. Konstruiere ein Gestell aus zwei Gläsern, auf die du die Schaschlikspieße legst. Binde die Holzstäbe eventuell an den Enden zusammen. Alternativ funktioniert z.B. auch ein Holzkochlöffel mit breitem Stiel. Hänge den Baconfladen über die Spieße und stelle alles zusammen für zwei Minuten bei 550 W in die Mikrowelle. Dadurch erhält der Bacon die Form eines Tacos, die nach dem Abkühlen erhalten bleibt.

3. Bereite nun das Rührei zu, indem du zunächst die beiden Eier mit dem Käse in einer Schüssel verrührst und anschließend in der Pfanne brätst.

4. Sobald das Rührei fertig ist, füllst du damit deinen Bacon-Taco. Garniere das fertige Gericht abschließend mit etwas Schnittlauch.

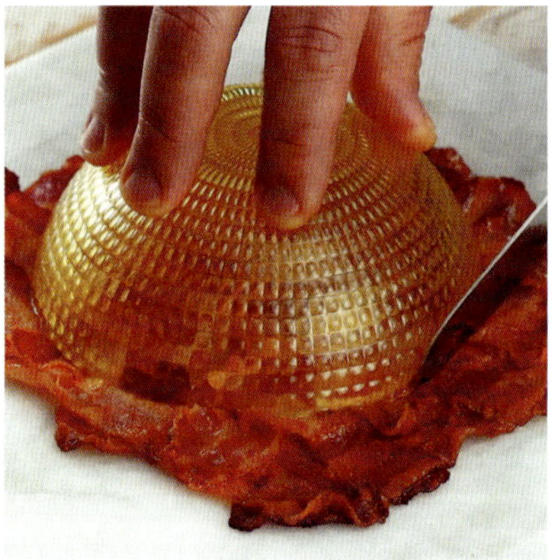

Das Rezept als Video: www.leckerschmecker.me/fruehstuecksbacon-taco/

Gefüllte Riesen-Cannelloni

Dafür brauchst du:

Cannelloni

Lasagneplatten	5
Gouda	5 Scheiben
geriebenen Mozzarella	100 g
Parmesan	30 g

Mais-Béchamel-Sosse

Mais	300 g
Milch	500 ml
Butter	40 g
Mehl	3 EL

Füllung

Hähnchenbrüste	2
Tomatensoße	300 ml
saure Sahne	200 ml
Mais	200 g
Zwiebel	1
gehackte Knoblauchzehe	1
Olivenöl	2 EL
Thymian	1/2 TL
Rosmarin	1/2 TL

Zubereitung	ca. 40 Min
Umluft	190 °C – 13 Min
Portionen	5

So geht's:

1. Bereite die Mais-Béchamel-Soße zu, indem du den Mais, die Milch, die Butter und das Mehl fein pürierst, z.B. in einem Standmixer. Anschließend passierst du das Ganze durch ein Sieb in einen Topf, lässt es kurz aufkochen und würzt es dabei noch mit etwas Salz und Muskat nach Geschmack.

2. Schwitze die Zwiebel und die Knoblauchzehe in Olivenöl an, gib das – zuvor gegarte und gezupfte – Hähnchenfleisch, die Tomatensoße, die saure Sahne, den Mais, den Thymian und den Rosmarin in die Pfanne und würze alles noch mit Salz und Pfeffer. Lass das Ganze etwas einkochen.

3. Lege auf jede Nudelplatte – ob vorgekocht oder frisch, ist egal – eine Scheibe Gouda, platziere 2 EL der Füllung auf jede Käsescheibe und rolle das Ganze zu einer Cannelloni zusammen. Lege die fünf Riesen-Cannelloni in eine Auflaufform.

4. Bestreue die Cannelloni mit Mozzarella und gieße die Mais-Béchamel-Soße obenauf. Anschließend reibst du noch etwas Parmesan darüber und gibst die Form für 13 Minuten bei 190 °C in den Ofen.

Das Rezept als Video: www.leckerschmecker.me/riesen-cannelloni/

Fleischklops-Lasagne

Dafür brauchst du:

Fleischklopse

Rinderhackfleisch	1 kg
Semmelbrösel	40 g
Eier	2
gewürfelte Zwiebel	1
gehackte Knoblauchzehe	1
gehacktes Basilikum	2 EL
Pfeffer	
Salz	

Ausserdem

gekochte Lasagneplatten	11
Milch	500 ml
gewürzte Tomatensoße	500 ml
Kochschinken gewürfelt	400 g
geriebenen Mozzarella	200 g
Butter	25 g
Mehl	25 g
etwas Öl	

Zubereitung	ca. 40 Min
Umluft	170 °C – 40 Min
Portionen	6–8

So geht's:

1. Gib sämtliche Zutaten für die Fleischklopse in eine große Schüssel und verknete sie gründlich. Sind die Zutaten gut gemischt, forme in etwa 24 Klopse bis das Hackfleisch aufgebraucht ist.

2. Brate die Klopse in etwas heißem Öl rundherum braun an.

3. Schmilz Butter in einem Topf und rühre das Mehl ein. Lass die Butter aufschäumen, ehe du Milch zugibst. Würze mit Salz und Pfeffer, rühre alles gründlich mit einem Schneebesen um, lass die Soße einmal aufkochen und nimm sie dann von der Kochstelle.

4. Fülle den Boden einer Auflaufform mit der Hälfte der Béchamelsoße, decke sie mit drei Lasagneplatten ab und lege auf diese wiederum zwölf Fleischklopse. Gib einen großzügigen Esslöffel Tomatensoße auf jeden Klops, streue ein Drittel des Mozzarellas, dann die Hälfte des Kochschinkens auf. Weiter geht es wie folgt: vier Lasagneplatten, Béchamelsoße, Kochschinken, Mozzarella, vier Lasagneplatten, zwölf Fleischklopse, Tomatensoße, Mozzarella. Bei 170 °C wird die Lasagne schließlich 40 Minuten gebacken.

Das Rezept als Video: www.leckerschmecker.me/fleischklops-lasagne/

Zupfbrot mit Käse und Hähnchen

Dafür brauchst du:

Füllung

gegarte Hähnchenbrust	350 g
pikante Tomatensoße	300 ml
geriebenen Cheddar	100 g
geriebenen Mozzarella	70 g
Frühlingszwiebeln	30 g

Teiglagen

Pizzateig	500 g
Mozzarella	ca. 80 g

Belag

pikante Tomatensoße	100 ml
geriebenen Mozzarella	100 g

kleingeschnittenen Schnittlauch

Zubereitung	ca. 30 Min
Umluft	160 °C – 35 Min
Portionen	15

So geht's:

1. Zuerst wird für die Füllung das in dünne Streifen geschnittene oder gerupfte Hähnchenfleisch mit Tomatensoße, Mozzarella, Cheddar und mit den in kleine Ringe geschnittenen Frühlingszwiebeln in einer Schüssel gemischt.
2. Als Nächstes rollst du den Pizzateig auf 30 x 40 cm aus und schneidest ihn in 15 etwa gleich große Stücke.
3. Verteile nun die Hähnchenfleisch-Mischung auf die Rechtecke und gib auf alle anschließend eine Haube aus geriebenem Mozzarella.
4. Schichte die Rechtecke dann senkrecht nebeneinander in eine Kastenform.
5. Verteile zum Schluss die restliche Tomatensoße und den Mozzarella darüber und gib die Form bei 160 °C für ca. 35 Minuten in den vorgeheizten Backofen.
6. Zum Garnieren kannst du nach dem Backen nach Belieben noch etwas frischen Schnittlauch auf das Brot streuen.

Das Rezept als Video: www.leckerschmecker.me/huehnchen-zupfbrot/

Roastbeef mit Aioli

Dafür brauchst du:

Roastbeef	250 g
Pastinaken halbiert und geschält	3
kleine, geschälte Karotten	4
Butter	20 g
frische Rosmarinzweige	
Pflanzenöl	300 ml
Eigelb	2
Wasser	50 ml
Senf	1 TL
gehackte Knoblauchzehe	1
Olivenöl	
Salz	
Pfeffer	

Zubereitung	ca. 20 Min
Umluft	180 °C – 10 Min
Portionen	1

So geht's:

1. Brate das Roastbeef mit etwas Öl von allen Seiten gleichmäßig an.
2. Gib das Fleisch mitsamt den Karotten und Pastinaken auf ein Backblech. Nur über das Gemüse gibst du etwas Olivenöl. Nun würzt du sowohl Fleisch als auch Gemüse mit Pfeffer und Salz. Teile die Butter in kleine Würfel und lege diese auf das Fleisch. Auf das Gemüse legst du noch einige Rosmarinzweige.
3. Backe alles bei 180 °C für 10 Minuten im Ofen.
4. In dieser Zeit kannst du die Aioli zubereiten. Dafür gibst du Eigelb, Wasser, Knoblauch, Senf, Salz und Pfeffer in eine Schüssel. Unter ständigem Rühren fügst du das Pflanzenöl zu, bis die Soße eine cremige Konsistenz hat.

Das Rezept als Video: www.leckerschmecker.me/aioli-roastbeef/

Tomaten-Cheeseburger

Dafür brauchst du:

Rinderhackfleisch	250 g
Käse	2 Scheiben
gewürfelte Zwiebel	1
Fleischtomate	1
Barbecuesoße	1 EL
grünen Salat	2 Blätter
Gurke	2 Scheiben
Salz	
Pfeffer	
etwas Pflanzenöl zum Braten	

Zubereitung	ca. 20 Min
Braten	ca. 10 Min
Portionen	1

So geht's:

1. Gib die Zwiebel zum Hackfleisch und würze mit Salz und Pfeffer. Mische die Zutaten und forme aus dem Fleisch zwei gleich große flache Patties.
2. Erhitze etwas Öl und brate die Burger in der Pfanne beidseitig braun an. Nach dem Wenden legst du auf jeden Patty eine Scheibe Käse, der zerfließt, während der Patty von der anderen Seite gar wird.
3. Halbiere eine Fleischtomate und entferne das Kerngehäuse aus der unteren Hälfte. In diese löffelst du die Barbecuesoße. Decke die Soße mit Salat ab, auf den du einen Patty legst. Es folgen Gurkenscheiben, der zweite Patty und die übrige Tomatenhälfte.

Das Rezept als Video: www.leckerschmecker.me/tomaten-cheeseburger/

Oktopus-Würstchen

Dafür brauchst du:

Würstchen	4
Milch	100 ml
Maismehl	50 g
Weizenmehl	50 g
Ketchup	40 g
Ei	1
gekochtes Ei	1
Backpulver	1/2 Pck.
Salz	1 TL
Öl zum Frittieren	
Mayonnaise	
einige schwarze Oliven	
Senf (optional)	

Zubereitung	ca. 30 Min
Frittieren	ca. 5 Min
Portionen	8

So geht's:

1. Halbiere die Würstchen und schneide jede Hälfte – ausgehend vom rundlichen Ende – dreimal zu zwei Dritteln ein, um die Oktopus-Arme entstehen zu lassen.

2. Rühre für den Teig Maismehl, Weizenmehl, Ei, Milch, Backpulver und Salz mit einem Schneebesen glatt. Nun mische Ketchup unter den Teig.

3. Tauche die halben Würstchen mit ihrer „intakten" (nicht eingeschnittenen) Seite zu etwa einem Drittel in den Teig und frittiere sie anschließend komplett. Im heißen Öl spreizen sich die eingeschnittenen Würstchenenden. Sollten die Oktopus-Köpfe nach dem Frittieren zu klein ausfallen, kannst du die Würstchen ein weiteres Mal in Teig tunken und nochmals frittieren, bis sie die gewünschte Größe erreicht haben.

4. Stich für die finale Deko mithilfe eines Trinkhalms Kreise aus dünnen Eierscheiben. Um sie aus dem Halm zu holen, kannst du einfach in ihn pusten. Klebe die Kreise mit etwas Mayonnaise als Augen auf die Köpfe. Nun schneide Pupillen und Münder in verschiedenen Formen aus Oliven und setze so Gesichter zusammen.

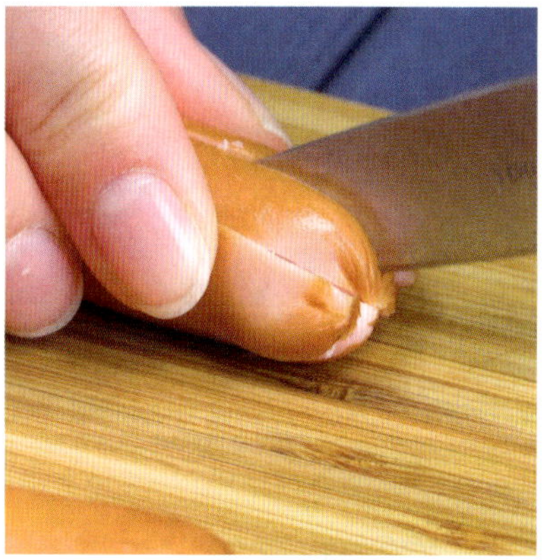

Das Rezept als Video: www.leckerschmecker.me/oktopus-wuerstchen/

Hähnchen-Käse-Kugeln

Dafür brauchst du:

Kartoffelteig

Kartoffeln mittelgroß, gekocht	6
Cayennepfeffer	2 TL
gemahlenen Kreuzkümmel	1 TL
Salz	
Pfeffer	

Füllung

gewürfelte Zwiebeln	100 g
geriebenen Mozzarella	100 g
Hähnchenbrüste	2
gehackte Knoblauchzehen	3
grüne, gewürfelte Paprika	1
Cayennepfeffer	2 TL
Cumin	1 TL
Pflanzenöl	
Salz	
Pfeffer	

Panade

Paniermehl	200 g
verquirlte Eier	3
Öl zum Frittieren	

Zubereitung	ca. 45 Min
Frittieren	ca. 5 Min
Portionen	ca. 5

So geht´s:

1. Als Erstes bereitest du den Kartoffelteig zu, der später das käsige Hähnchenherz umschließen wird. Dazu zerdrückst du die Kartoffeln in einer großen Schüssel und mischst sie gut mit den Gewürzen.

2. Für die Füllung schneidest du die Hähnchenbrüste in grobe Würfel und mischst sie mit Cumin, Chilipulver, Salz und Pfeffer. Erhitze dann etwas Pflanzenöl in einer Pfanne und füge Zwiebelwürfel, Paprika, Knoblauch, dann das Fleisch hinzu und brate die Zutaten, bis das Fleisch gar ist.

3. Zum Formen der Kugeln gibst du etwa 2 EL Kartoffelteig in deine Handfläche und drückst ihn flach. Gib 1 EL Fleisch und etwas Mozzarella darauf und schließe den Teig zu einer Kugel.

4. Jetzt werden die „Kügelchen" paniert. Dafür erst in Ei wälzen, dann in Paniermehl. Schließlich backst du sie in heißem Fett aus, bis sie eine appetitliche, goldgelbe Farbe haben.

Das Rezept als Video: www.leckerschmecker.me/haehnchen-kaese-kugel/

Honig-Balsamico-Steak-Happen

Dafür brauchst du:

Fleisch

Rinderhüfte	500 g
Salz	

Marinade

dunklen Balsamicoessig	60 ml
Honig	60 g
gehackte Knoblauchzehen	2
Pflanzenöl	3 EL
Sojasoße	2 EL
Chiliflocken	1 TL
gehackten Rosmarin	1 TL
schwarzen Pfeffer gemahlen	1 TL

Zubereitung	ca. 10 Min + 2 Std marinieren
Braten	ca. 10 Min
Portionen	ca. 10

So geht´s:

1. Schneide das Rindfleisch in Würfel.
2. Bereite die Marinade zu, indem du sämtliche Zutaten in einer Schüssel anrührst.
3. Lege das Fleisch für mindestens 2 Stunden in die Marinade ein.
4. Brate die abgetropften Fleischstücke scharf an und salze sie.

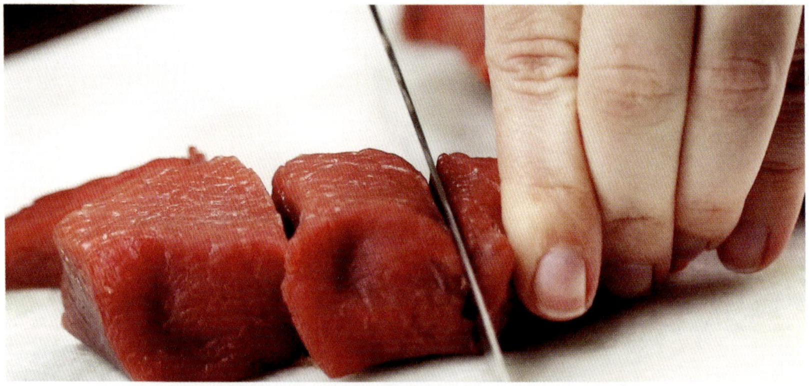

Das Rezept als Video: www.leckerschmecker.me/steak-happen/

Pizza-Lasagne

Dafür brauchst du:

Rinderhackfleisch	1 kg
Pizzatomaten	600 g
Peperonisalami	24 Scheiben
gekochte Lasagneplatten	20
Ricotta	700 g
geriebenen Parmesan	200 g
geriebenen Mozzarella	150 g
Champignons in Scheiben	200 g
Eier	2
gewürfelte Zwiebel	1
gehackte Knoblauchzehe	1
Oregano	1 EL
getrockneten Chili	1 TL
Salz	
Öl zum Braten	

Zubereitung	ca. 30 Min
Umluft	170 °C – 60 Min
Portionen	6–8

So geht´s:

1. Erhitze etwas Öl in einem Topf und füge Zwiebel, Knoblauch sowie Champignons hinzu. Brate alles kurz an, gib das Hackfleisch hinzu und brate dieses fast durch. Würze anschließend mit Salz, Chili und Oregano und brate die Zutaten weiter, bis das Hackfleisch vollständig gar ist. Als Letztes gibst du die Pizzatomaten hinzu und kochst die Soße auf.
2. Vermenge als Nächstes den Ricotta mit den Eiern und dem Parmesan.
3. Jetzt geht es ans Schichten: Lege den Boden einer Springform mit Lasagneplatten aus. Gib ein Drittel der Soße darauf und decke sie wieder mit Lasagneplatten ab. Auf diese gibst du die Hälfte der Ricottacreme, welche du mit acht Salamischeiben abdeckst. Nun geht es wie folgt weiter: Lasagneplatten, Soße, Lasagneplatten, Ricottacreme, Salami, Lasagneplatten, Soße, Mozzarella, Salami.
4. Schließlich backst du die Lasagne bei 170 °C für 60 Minuten.

Das Rezept als Video: www.leckerschmecker.me/pizza-lasagne/

Überraschungs-Ferkel

Dafür brauchst du:

Mehl	500 g
Wasser	250 ml
geriebenen Mozzarella	100 g
Pflanzenöl	70 ml
Eier	4
Wiener Würstchen	3
Trockenhefe	1 Pck.
Salz	1 TL
Pfefferkörner	24

Zubereitung	ca. 3 Std
Umluft	180 °C – 17 Min
Portionen	12

So geht's:

1. Um den Teig zuzubereiten, mischst du Mehl, Salz, Trockenhefe, 2 Eigelb, Pflanzenöl und Wasser. Verknete die Zutaten zu einem elastischen Teig, den du anschließend zwei Stunden lang an einem warmen Ort gehen lässt.

2. Jetzt werden die Ferkelchen geformt: Teile den Teig in zwölf gleich große Portionen. Nimm etwa 1/5 von jeder Teigportion ab, den Rest formst du jeweils zu einer Kugel. Rolle diese auf einer bemehlten Fläche aus, lege ein kleines Stück Wiener samt etwas Mozzarella in die Mitte und schließe den Teig. Wende den Teig, damit sich der „Verschluss" unten befindet, und bestreiche den Körper mit Ei. Aus einem Teil des vorher abgenommenen Teig-Fünftels formst du einen Fladen von etwa 2 cm Durchmesser. Fixiere diesen als Schweinenase mit zwei Zahnstochern am Körper. Forme einen weiteren Fladen von 3 cm Durchmesser. Schneide ihn mittig durch, drücke die Enden der Schnittkante zusammen und presse sie als Ohren auf dem Körper fest. Setze zwei Pfefferkörner als Augen auf den Teig. Nun formst du den Ringelschwanz. Rolle den Teig dafür zu einem langen Strang, den du auf dem Hinterteil platzierst.

3. Backe die Ferkelchen bei 180 °C für 17 Minuten. Die Zahnstocher bleiben dabei im Teig und werden erst nach dem Backen entfernt.

Das Rezept als Video: www.leckerschmecker.me/ueberraschungs-ferkel/

Ragout-Tarte

Dafür brauchst du:

runde Quicheteige	2
Brühe	500 ml
gewürfeltes Rindfleisch	500 g
gewürfelte Möhren	400 g
Erbsen	250 g
verquirltes Ei	1
gewürfelte Zwiebel	1
Currypulver	3 EL
Tomatenmark	1 EL
Öl	1 EL
Salz	
Pfeffer	

Zubereitung	ca. 30 Min
Kochen	1 Std
Umluft	180 °C – 25 Min
Portionen	6–8

So geht's:

1. Erhitze das Öl in einer Pfanne und füge das zerkleinerte Rindfleisch hinzu. Brate es, bis es dunkelbraun ist.

2. Füge Möhren, Zwiebel, Tomatenmark und Currypulver hinzu und brate die Zutaten kurz mit an. Lösche die Mischung mit Brühe ab und lass das Ragout abgedeckt eine Stunde leicht köcheln. Ist das Fleisch nach dieser Zeit weich, nimm die Pfanne vom Herd, füge die Erbsen hinzu und salze und pfeffere gut.

3. Lege eine Quicheform mit einer Portion Teig aus und stich den Boden mit einer Gabel ein. Nun wird die Form mit dem Ragout gefüllt.

4. Stich in die zweite Portion Teig mit einem Ausstecher drei Löcher. Fixiere den ausgestanzten Teig mit einem Klecks Ei zwischen den Löchern. So wird der Teig auf das Ragout gelegt. Schneide ggf. den über den Rand der Form hinausragenden Teig ab und drücke die Ränder der beiden Teigportionen zusammen. Bestreiche die Oberseite mit Ei und backe die Tarte bei 180 °C für 25 Minuten.

Das Rezept als Video: www.leckerschmecker.me/ragout-tarte/

Hotdog & Pommes am Stiel

Dafür brauchst du:

Pommes	350 g
Hotdog-Würstchen	3
Milch	120 ml
Weizenmehl	100 g
Maismehl	75 g
Eier	3
Zucker	2 TL
Schaschlikspieße	6
Pflanzenöl zum Frittieren	

Zubereitung	ca. 25 Min
Frittieren	ca. 3–5 Min
Portionen	6

So geht's:

1. Schneide die Pommes in kurze Stifte.
2. Mische Maismehl, Weizenmehl und Zucker. Dann fügst du Eier und Milch hinzu und rührst die Zutaten zu einem glatten Teig.
3. Verteile die Pommes-Stückchen auf einem Backblech oder einem großen Teller. Halbiere die Würstchen und spieße sie auf einen Schaschlikspieß. Nun tauchst du die Würstchen in den Teig und wälzt sie dann in den Pommes-Stiften. Zusätzlich solltest du Letztere mit den Händen noch etwas fester in den Teig drücken.
4. Jetzt tauchst du die Würstchen am Stiel nur noch in heißes Fett und frittierst sie goldbraun.

Das Rezept als Video: www.leckerschmecker.me/pommes-hotdog/

Lasagne-Sandwich

Dafür brauchst du:

Mozzarella in Scheiben geschnitten	400 g
Tomatensoße	250 ml
Crème fraîche	100 g
geriebenen Käse	100 g
Toastbrot	12 Scheiben
Kochschinken	8 Scheiben
Schnittkäse	8 Scheiben
gewürfelte Zwiebel	1
getrocknetes Basilikum	1 EL
Öl	
Salz	
Pfeffer	

Zubereitung	ca. 20 Min
Umluft	200 °C – 15 Min
Portionen	4

So geht´s:

1. Erhitze etwas Öl in einer Pfanne und brate die Zwiebel darin an. Dann gibst du die Tomatensoße sowie Salz, Pfeffer, Basilikum und Crème fraîche hinzu.

2. Sobald du die Soße gut gemischt hast, legst du den Boden einer quadratischen Auflaufform mit vier Scheiben Toastbrot aus (bzw. schneidest das Brot in die passende Form).

3. Gib einige Löffel Soße auf die Toastscheiben und verstreiche sie. Darauf legst du vier Scheiben Kochschinken und Schnittkäse. In die Mitte jeder Käsescheibe legst du ein Stück Mozzarella. In der gleichen Reihenfolge gibst du eine zweite Schicht in die Form, wieder beginnend mit den Toastscheiben.

4. Die dritte und letzte Schicht Toastscheiben bildet den „Deckel". Darauf kommt die Soße, auf der du den geriebenen Käse und weiteren Mozzarella verteilst. Schließlich backst du das Lasagne-Sandwich bei 200 °C für 15 Minuten.

Das Rezept als Video: www.leckerschmecker.me/lasagne-sandwich/

Falscher Hase im Brot

Dafür brauchst du:

Brot

Laib Mischbrot (ca. 750 g)	1
geriebenen Mozzarella	150 g
Frischkäse	150 g
gekochte Eier	4
Bacon	4 Scheiben
Käse	2 Scheiben

Hackfleischfüllung

Rinderhackfleisch	700 g
Semmelbrösel	30 g
Eier	2
gewürfelte Zwiebel	1
gehackte Knoblauchzehe	1
Petersilie	1 EL
gemahlenen Kümmel	1/2 EL
edelsüßes Paprikapulver	1/2 EL
Salz und Pfeffer	

Zubereitung	ca. 30 Min
Umluft	160 °C – 35 Min
Portionen	6–8

So geht´s:

1. Bereite zunächst die Hackfleischfüllung zu, indem du das Rinderhack mit den angegebenen Zutaten vermengst.
2. Schneide vom Brot den "Deckel" oben ab und höhle es aus. Fülle das Brot mit ungefähr zwei Dritteln des Hackfleischs, lass aber in der Mitte eine Furche frei.
3. In diese Furche legst du die Baconscheiben auf die Hackmasse. Darauf verteilst du den Frischkäse und legst zwei Scheiben Mozzarella darauf, auf die du wiederum die ganzen gekochten Eier legst.
4. Bedecke die Füllung mit dem restlichen Hackfleisch und platziere darauf den oberen Teil des Brotes, den du zuvor ebenfalls aushöhlst. Bestreue den Laib anschließend mit Mozzarella und backe ihn 35 Minuten lang bei 160 °C.

Das Rezept als Video: www.leckerschmecker.me/falscher-hase-im-brot/

Lasagne-Suppe

Dafür brauchst du:

Brühe	600 ml
Hackfleisch	500 g
Tomatensoße	400 g
Spiralnudeln	250 g
Frischkäse	120 g
geriebenen Parmesan	60 g
gewürfelte Zwiebeln	3
gehackte Knoblauchzehen	3
Oregano	2 EL
Salz	
Pfeffer	
Öl zum Braten	
Basilikum	

Zubereitung	ca 15 Min
Kochen	ca. 40 Min
Portionen	ca. 4

So geht´s:

1. Brate das Hackfleisch in etwas Öl an und dünste Zwiebeln und Knoblauch ebenfalls mit. Wenn alles gut durchgegart ist, würzt du mit Pfeffer, Salz und Oregano.

2. Gieße die Tomatensoße und die Brühe hinzu, koche alles auf und lass es 30 Minuten lang köcheln. Gib anschließend die Nudeln dazu und lass alles weitere 8 bis 10 Minuten köcheln.

3. Verrühre währenddessen den Frischkäse mit dem Parmesan und würze ihn mit Pfeffer.

4. Fülle die Lasagne-Suppe in kleine Terrinen und gib jeweils einen großen Klecks der Frischkäse-Creme darauf. Schließlich kannst du die Suppe mit dem geriebenen Mozzarella bestreuen und etwas Basilikum darübergeben.

Das Rezept als Video: www.leckerschmecker.me/lasagne-als-suppe/

Kartoffel-Ei-Pfanne

Dafür brauchst du:

gewürfelten Bacon	100 g
mittelgroße Kartoffeln	5
Eier	3
gewürfelte Zwiebel	1
gehackte Knoblauchzehe	1
Tomate, in Scheiben	1
Salz	
Pfeffer	
Öl zum Braten	
Frühlingslauch zum Garnieren	

Zubereitung	ca. 15 Min
Braten	ca. 10 Min
Portionen	3

So geht´s:

1. Schäle die Kartoffeln und schneide sie in kleine Würfel. Erhitze dann etwas Öl in einer Pfanne, gib die Kartoffelwürfel hinzu und würze diese mit Salz und Pfeffer.

2. Ist etwas Garzeit vergangen, füge Bacon, Zwiebel und Knoblauch hinzu und brate alle Zutaten gut an.

3. Schaffe drei kleine Mulden in der Pfanne, in die du die aufgeschlagenen Eier hineingleiten lässt. Gib Tomatenscheiben auf die Pfanne und brate die Zutaten geschlossen fünf Minuten weiter. Garniert wird die Mahlzeit mit Frühlingslauch.

Das Rezept als Video: www.leckerschmecker.me/kartoffel-ei-pfanne/

Spaghetti-Muffins

Dafür brauchst du:

gekochte Spaghetti	650 g
Bolognesesoße	250 g
Frischkäse	150 g
Bacon	150 g
geriebenen Käse	120 g
Parmesan	75 g
Eier	2

Zubereitung	ca. 25 Min
Umluft	175 °C – 20 Min
Portionen	6

So geht´s:

1. Brate den kleingeschnittenen Bacon in einer Pfanne an. Lass ihn dabei richtig schön kross werden. Dann gibst du die Spaghetti dazu.

2. Reibe den Parmesan und verquirle ihn mit den Eiern. Dies gießt du dann zu den Nudeln in die Pfanne. Wieder sollte alles gut miteinander vermischt werden, am besten mit einer Nudelzange.

3. Gib in die sechs Mulden einer gebutterten Muffinform jeweils eine Portion des Gerichts. Lass dabei etwas Platz nach oben. Jetzt verteilst du den Frischkäse gleichmäßig auf die sechs Portionen. Als Nächstes kommt auf jedes Nudelnest ein Esslöffel der Bolognesesoße. Den krönenden Abschluss bildet eine kleine „Mütze" aus Käse.

4. Backe das Gericht bei 175 °C für ca. 20 Minuten, bis der Käse gleichmäßig zerlaufen ist und alles goldgelb glänzt.

Das Rezept als Video: www.leckerschmecker.me/spaghetti-muffins/

Pizza-Taschen

Dafür brauchst du:

Toastbrot	10 Scheiben
gebratene Hähnchenbrust	1
Mais	4 EL
Frischkäse	3 EL
geriebenen Mozzarella	2 EL
Tomatenmark	1 EL
Petersilie	1 EL
Oregano	1 TL
Ei zum Bestreichen	1
Salz	
Pfeffer	

Zubereitung	ca. 30 Min
Umluft	175 °C – 12 Min
Portionen	10

So geht´s:

1. Zupfe die gebratene Hähnchenbrust klein und mische sie mit Mais, Tomatenmark, Frischkäse, Oregano, Petersilie, Salz und Pfeffer.
2. Entrinde die Toastscheiben und rolle sie mit einem Nudelholz platt.
3. Gib dann die Füllung auf die plattierten Toastbrotscheiben. Pro Tasche brauchst du etwa einen Esslöffel der Masse.
4. Klappe die Scheiben zu Dreiecken zusammen. Die Ränder werden mit der Gabelspitze festgedrückt.
5. Die Oberseiten bestreichst du mit Ei und streust etwas Mozzarella darauf. Gib die Taschen dann für 12 Minuten bei 175 °C Umluft in den Ofen.

Das Rezept als Video: www.leckerschmecker.me/pizza-taschen/

Salami-Frischkäse-Röllchen

Dafür brauchst du:

Salami	35 Scheiben
Frischkäse	250 g
rote, gewürfelte Paprika	80 g
schwarze Oliven geviertelt	50 g
gehackte Petersilie	10 g

Zubereitung ca. 15 Min + 2 Std kalt stellen

Portionen ca. 8–10

So geht´s:

1. Breite die Salamischeiben in überlappenden Reihen auf einem Stück Frischhaltefolie aus.
2. Bestreiche sie mit Frischkäse und gib die übrigen Zutaten auf jeweils ein Drittel der Fläche.
3. Rolle die Salamischeiben fest zusammen und kühle sie rund 2 Stunden. Entferne danach die Folie und schneide die Rolle mit einem scharfen Messer in kleine Portionen.

Das Rezept als Video: www.leckerschmecker.me/salami-frischkaese-roellchen/

Gefüllte Kartoffelwaffeln

Dafür brauchst du:

Kartoffeln	400 g
Milch	170 ml
Mehl	125 g
Bacon	8 Scheiben
Käse	4 Scheiben
Ei	1
gehackten Schnittlauch	20 g
geschmolzene Butter	2 EL
Backpulver	1 TL

Zubereitung	ca. 30 Min
Kochen	Kartoffeln ca. 15 Min
Braten	Bacon ca. 7 Min
Portionen	4

So geht´s:

1. Schäle und zerkleinere die Kartoffeln und koche sie für ca. 15 Minuten.
2. Brate die Baconstreifen, bis sie kross und braun sind.
3. Zerdrücke die gekochten Kartoffelstückchen mit einer Gabel und mische sie mit Mehl, Backpulver, Ei, Milch und Schnittlauch. Nun hast du deinen Teig.
4. Gib etwas Teig in ein mit Butter gefettetes Waffeleisen und lege eine Scheibe Käse und zwei Baconstreifen darauf. Bedecke die Füllung mit weiterem Kartoffelteig, dann wird die Waffel gebacken.

Das Rezept als Video: www.leckerschmecker.me/gefuellte-kartoffelwaffeln/

Cheeseburger-Muffins

Dafür brauchst du:

Teig

fertiger Brötchenteig	1 Pck.

Füllung

Rinderhackfleisch	400 g
geriebenen Käse	50 g
gewürfelte Zwiebel	1
Olivenöl	2 EL
Ketchup	1 EL
Salz	
Pfeffer	

Belag

Essiggurken	12 Scheiben
Käse	6 kleine Scheiben
Ketchup	2 EL

Zubereitung	ca. 30 Min
Umluft	160 °C – 30 Min
Portionen	6

So geht´s:

1. Teile den Teig in sechs Teile und gib diese in eine gefettete Muffinform. Forme dabei eine Mulde in jeder Teigmitte, damit später das Hackfleisch darin Platz findet.

2. Anschließend brätst du das Hackfleisch kurz in Olivenöl an, gibst die Zwiebelwürfel hinzu und schwitzt sie mit an. Danach würzt du mit Salz, Pfeffer und Ketchup. Zum Schluss mischst du den geriebenen Käse unter.

3. Nun füllst du die Hackfleischmischung mit einem Löffel in die Mulden des Brötchenteigs und gibst die Form für 30 Minuten in den auf 160 °C vorgeheizten Backofen.

4. Wenn die Muffins aus dem Ofen kommen, sehen sie schon sehr lecker aus. Der Effekt wird aber noch verstärkt, wenn du sie mit den Mini-Käsescheiben belegst, die darauf schmelzen werden, und sie danach mit jeweils einer Gurkenscheibe und einem Klecks Ketchup garnierst.

Das Rezept als Video: www.leckerschmecker.me/cheeseburger-muffins/

Ballon-Pizza

Dafür brauchst du:

runden Pizzateig	2 Portionen
Tomatensoße	100 ml
Serranoschinken	80 g
warmen Rum	50 ml
schwarze Oliven	7
kleingewürfelte Tomaten	3
gehackte Knoblauchzehe	1
Mozzarella in Scheiben geschnitten	1
Rucola	20 g
gehackten Basilikum	2 EL
Olivenöl	2 EL
Oregano	1 TL
Eigelb	1
etwas Mehl	

Zubereitung	ca. 30 Min
Umluft	200 °C – 15 Min
Portionen	3-4

So geht's:

1. Breite eine Portion Pizzateig auf einer bemehlten Arbeitsfläche aus. Bestreiche den Teig mit Tomatensoße, doch spare dabei einen breiten Rand aus. Belege die Pizza mit Mozzarella und Oliven und bestreue sie mit Oregano.

2. Bestreiche den Rand mit Eigelb und lege dann vier Strohhalme nebeneinander auf den Rand. Bedecke die Pizza mit der zweiten Portion Teig. Schlage nun den Teigrand um, um die Pizzen miteinander zu fixieren. Durch die Strohhalme bläst du den Teig nun zu einer Halbkugel auf. Entferne die Strohhalme und schließe die Öffnung rasch. Bei 200 °C wird der Teig dann für 15 Minuten gebacken.

3. Nach dem Backen gießt du Rum auf den Teig und zündest ihn sofort mit einem Streichholz an. Entferne anschließend die Pizzahaube und belege die innere Pizza mit Serranoschinken und Rucola.

4. Die abgenommene Pizzahaube drehst du um und füllst sie mit Tomaten, Knoblauch, Basilikum und Olivenöl. Schließlich mischst du den so entstandenen Bruschetta-Belag behutsam in dieser Pizzaschale.

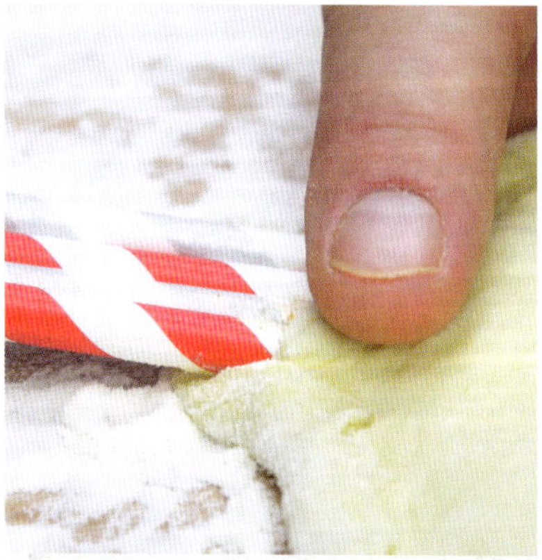

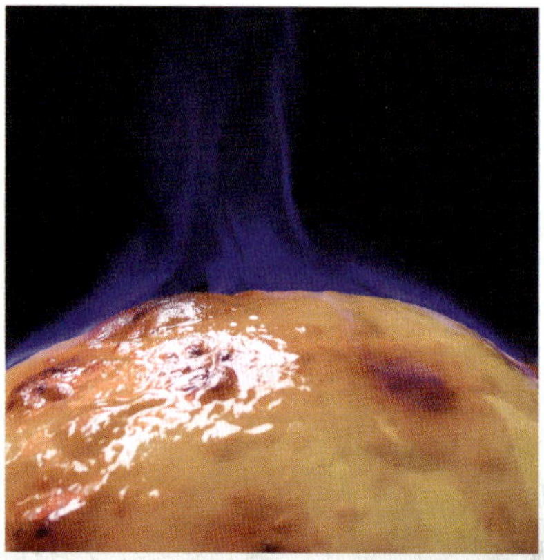

Das Rezept als Video: www.leckerschmecker.me/ballon-pizza/

Käsenudeln Wellington

Dafür brauchst du:

Käsebéchamelsoße

Milch	500 ml
gekochte Makkaroni	500 g
geriebenen Cheddar	340 g
geriebenen Mozzarella	200 g
Butter	30 g
Mehl	30 g

Blätterteigmantel

fertigen Blätterteig	1
Bacon kross gebraten	15 Scheiben
Ei zum Bestreichen	

Zubereitung	ca. 30 Min + 2 Std kalt stellen
Umluft	180 °C – 40 Min
Portionen	6–8

So geht's:

1. Lass zunächst die Butter in einem Topf flüssig werden. Gib das Mehl hinzu und schwitze es unter ständigem Rühren an. Gieße die Milch hinzu und rühre, bis die Soße andickt und keine Klümpchen mehr vorhanden sind. Rühre anschließend den Cheddar sorgfältig ein. Danach wird der Mozzarella so lange eingerührt, bis er sich aufgelöst hat und die Soße schön zähflüssig ist.

2. Ziehe nun die Makkaroni unter und vermische sie sorgfältig mit der Soße.

3. Gib das Ganze in eine mit Backpapier ausgelegte Kastenform und stelle diese etwa 2 Stunden kalt.

4. Rolle den Blätterteig auf Backpapier aus und verteile die gebratenen Baconscheiben darauf. Stürze nun die festgewordene Käse-Nudel-Masse auf den unteren Rand einer der kurzen Seiten des Teigrechtecks und rolle die „Mac and Cheese"-Mischung darin ein. Lege die Rolle anschließend auf ein mit Backpapier ausgelegtes Backblech und verschließe die noch offenen Seiten mit dem Blätterteig.

5. Verquirle nun ein Ei und bestreiche den gesamten Teig damit. Anschließend backst du die ummantelten Käse-Makkaroni für 40 Minuten bei 180 °C.

Das Rezept als Video: www.leckerschmecker.me/kaesenudeln-wellington/

Saftige Hackbraten-Rolle

Dafür brauchst du:

Rinderhackfleisch	1 kg
Bacon	400 g
Kochschinken	200 g
Käse	ca. 6 Scheiben
Semmelbrösel	120 g
Blattspinat	100 g
Eier	2
Salz	1 EL
Pfeffer	1/2 EL

Zubereitung	ca. 30 Min
Umluft	200 °C – 60 Min
Portionen	6–8

So geht´s:

1. Um das Hackfleisch zu würzen, mische es mit Semmelbröseln, Salz, Pfeffer und Ei.
2. Lege ein Backblech mit Alufolie aus und drücke das Fleisch darauf flach. Belege das Fleisch gleichmäßig mit Kochschinken. Auf diesen legst du Käsescheiben, gefolgt von Blattspinat.
3. Mithilfe der Alufolie rollst du nun das Fleisch fest zusammen. Schließe die Enden der Fleischrolle, damit keine Füllung herausquillt.
4. Nun nimmst du das mit Alufolie ausgelegte Blech erneut zu Hilfe, legst es vollständig mit Baconscheiben aus und platzierst darauf die Hackfleisch-Rolle. Schlage die Alufolie um die Rolle, um diese mit dem Bacon zu ummanteln.
5. Backe den Hackbraten, in Folie gewickelt, bei 200 °C für 60 Minuten. Entferne nach der Hälfte der Backzeit die Alufolie, damit der Bacon kross werden kann.

Das Rezept als Video: www.leckerschmecker.me/hackbratenrolle/

Spiegelei im Brotkörbchen

Dafür brauchst du:

Eier	6
Toastbrot	6 Scheiben
gewürfelten Kochschinken	
etwas geriebenen Käse	
etwas Schnittlauch	

Zubereitung	ca. 10 Min
Umluft	170 °C – 15 Min
Portionen	6

So geht´s:

1. Entferne den Rand von allen Toastscheiben und rolle diese mit einem Nudelholz flach. Jetzt legst du je eine Scheibe in die Mulden eines Muffinblechs.

2. Gib einige Schinkenwürfel in die Toastkörbchen und schlage ein Ei in jeder Mulde auf. Dann garnierst du das Ganze mit einem Hauch Käse und backst die köstlichen Häppchen bei 170 °C für 15 Minuten. Nach der Backzeit gibst du noch etwas Schnittlauch auf die Körbchen.

Das Rezept als Video: www.leckerschmecker.me/spiegelei-im-toastkoerbchen/

Hühnchen-Ofenzwiebel

Dafür brauchst du:

gegarte Hähnchenbrust	450 g
Bacon	12 Scheiben
Ketchup	100 ml
Barbecuesoße	100 ml
geriebenen Mozzarella	75 g
Gemüsezwiebeln	3-4
Frühlingszwiebeln in Ringen	2
Paprikapulver	2 TL
Currypulver	2 TL
Cayennepfeffer	1 TL
Honig	1 EL
Öl zum Braten	

Zubereitung	ca. 40 Min
Umluft	180 °C - 20 Min
Portionen	6

So geht's:

1. Zupfe die Hähnchenbrüste klein. Schneide die Zwiebeln ein und entferne die äußeren Ringe. Diese benötigst du später.

2. Würfle das Innere der Zwiebeln und schwitze es in etwas Öl an. Gib Ketchup, Paprikapulver, Currypulver, Cayennepfeffer und Honig dazu und mische alles.

3. Gib diese Soße auf die gezupfte Hähnchenbrust, außerdem Mozzarella und Frühlingszwiebeln.

4. Forme die Masse mit den Händen zu Kugeln und drücke diese in die Zwiebelringe. Wickle je zwei Streifen Bacon kreuzförmig um die Zwiebeln. Die Streifen sollten dabei die Öffnungen der Zwiebelringe abdecken. Um den Bacon zu fixieren, bohre Schaschlikspieße durch die Bälle. Bestreiche die Kugeln schließlich rundherum mit Barbecuesoße und backe sie bei 180 °C für 20 Minuten.

Das Rezept als Video: www.leckerschmecker.me/huehnchen-ofenzwiebel/

„Shepherd's Pie"-Backkartoffeln

Dafür brauchst du:

Hackfleisch	150 g
Rinderbrühe	120 ml
Milch	60 ml
große Kartoffeln	2
Erbsen	80 g
gewürfelte Karotten	50 g
Butter	30 g
Mehl	20 g
gewürfelte Zwiebel	1
Pflanzenöl	
Salz	
Pfeffer	

Zubereitung	ca. 1 Std
Umluft	180 °C – 45–60 Min
	+ 180 °C – 20 Min
Portionen	2

So geht's:

1. Backe die Kartoffeln im Ganzen mit Schale für ca. 45 bis 60 Minuten bei 180 °C.
2. Schneide das obere Viertel von den gebackenen Kartoffeln ab und höhle sie mithilfe eines Löffels aus, ohne dabei die äußere Schicht zu beschädigen.
3. Die so gewonnene Kartoffelmasse gibst du mit Butter, Salz und Milch in eine Schüssel. Zerdrücke die Zutaten zu einem Brei, den du anschließend in einen Spritzbeutel füllst.
4. Erhitze etwas Öl in einer Pfanne, gib Hackfleisch und Zwiebel hinzu und brate beides, bis das Fleisch braun ist. Füge das Mehl zu, rühre und lösche dann mit der Rinderbrühe ab. Als Nächstes gibst du Erbsen und Karotten in die Pfanne und ergänzt sie mit einer kräftigen Portion Salz und Pfeffer. Lasse alles einkochen, bis du eine sämige Soße hast.
5. Mit dieser füllst du die Kartoffeln. Als kleines Highlight gibst du eine dekorative Spur aus Kartoffelmasse obenauf. Jetzt gehen die Kartoffeln bei 180 °C für 20 Minuten in den Ofen.

Das Rezept als Video: www.leckerschmecker.me/shepherds-pie-kartoffeln/

Frühstücks-Rösti mit Ei

Dafür brauchst du:

geschälte Kartoffeln	300 g
geriebenen Cheddar	200 g
Eier	6
Bacon	6 Scheiben
Salz	
Pfeffer	

Zubereitung	ca. 25 Min
Umluft	200 °C – 12 Min + 15 Min
Portionen	4

So geht´s:

1. Reibe die Kartoffeln und vermenge sie mit 100 g Cheddar, zwei Eiern, Salz und Pfeffer.

2. Forme daraus auf einem Backblech einen großen, runden Fladen und backe diesen bei 200 °C für 12 Minuten.

3. Brate in der Zwischenzeit die Baconscheiben knusprig an und schneide sie danach in kleine Würfel.

4. Bestreue den fertig gebackenen Fladen mit dem übrigen Käse. Gib Baconwürfel im Kreis auf den Rand sowie in zwei sich kreuzenden Linien, die durch den Mittelpunkt laufen. Auf jedes der so abgetrennten Kreisviertel gibst du ein aufgeschlagenes Ei. Backe das Gericht für weitere 15 Minuten bei 200 °C.

Das Rezept als Video: www.leckerschmecker.me/fruehstuecks-roesti/

Bratwurst-Schnecken-Tarte

Dafür brauchst du:

Laib Mischbrot in Scheiben	1/2
Bratwurstschnecken	4
Sahne	200 ml
Eier	3
Gewürzgurken in Scheiben	3
gekochte Kartoffeln in Scheiben	2
rote, gewürfelte Zwiebel	1
Senf	1 EL
Salz	
Pfeffer	

Zubereitung	ca. 40 Min
Umluft	180 °C – 30 Min
Portionen	6–8

So geht´s:

1. Falte ein Stück Backpapier zu einem Trichter, lege dessen Spitze auf den Mittelpunkt einer Quicheform und schneide das überstehende Backpapier ab. Faltest du nun das Backpapier auseinander, hast du ein perfekt passendes Stück für die Form.
2. Nun legst du erst den Boden der Form mit einer Schicht Brotscheiben aus, dann den Rand mit halben Scheiben. Belege den Boden der Tarte nun mit Kartoffelscheiben.
3. Darauf folgt eine Schicht aus Gewürzgurken, dann kommen die Zwiebelwürfel an die Reihe.
4. Jetzt legst du, von der Mitte ausgehend, die Bratwurstschnecken auf die Füllung.
5. Fehlt nur noch eine cremige Soße. Für diese verquirlst du Eier, Sahne, eine Portion Salz und Pfeffer sowie Senf.
6. Die Soße gießt du nun über die Tarte und backst diese schließlich bei 180 °C für 30 Minuten.

Das Rezept als Video: www.leckerschmecker.me/bratwurstschnecken-tarte/

Kröte im Loch

Dafür brauchst du:

Mehl	180 g
Milch	180 ml
Wasser	110 ml
kleine Bratwürstchen	3
Paprika rote, gelbe, grüne	je 1/2
Eier	3
rote Zwiebel	1
Salz	
Öl	

Zubereitung	ca. 30 Min
Umluft	220 °C – 20 Min
Portionen	4–6

So geht's:

1. Gib etwas Öl in eine gusseiserne Pfanne und erhitze diese 10 Minuten lang bei 220 °C im Backofen.
2. Schneide Paprika und Zwiebel in Spalten. Brate das Gemüse in etwas Öl kurz an. Auch die Bratwürste brätst du separat von allen Seiten gleich braun an und schneidest sie dann in grobe Stücke.
3. Bereite aus Mehl, Eiern, Milch, Wasser und Salz einen Pfannkuchenteig zu.
4. Fülle den Teig vollständig in die heiße Pfanne. Darauf gibst du Würstchen und Gemüse.
5. Gebacken wird das Gericht schließlich für 20 Minuten bei 220 °C. Dabei wird der Teig aufgehen und das Gemüse sowie die Würstchen umschließen und einbetten.

Das Rezept als Video: www.leckerschmecker.me/kroete-im-loch/

Kartoffel-Wirbel

Dafür brauchst du:

mittelgroße Kartoffeln	4
flüssige Butter	50 g
gehackte Knoblauchzehen	2
gehackte Kräuter	1 EL
Schaschlikspieße	4
Salz	
Pfeffer	

Zubereitung	ca. 10 Min
Umluft	190 °C – 20 Min
Portionen	4

So geht's:

1. Wasche die Kartoffeln (sie zu schälen ist nicht nötig) und stecke sie jeweils auf einen langen Holzspieß. Dabei musst du mit etwas Kraft zudrücken, doch gleichzeitig aufpassen, den Spieß nicht zu zerbrechen.
2. Schneide die Kartoffeln spiralförmig ein und ziehe sie vorsichtig entlang des Spießes auseinander. Die beste Technik dafür ist es, schräg mit dem Messer anzusetzen und es langsam und gleichmäßig Runde für Runde um die Kartoffel zu ziehen.
3. Nun bereitest du aus der flüssigen Butter sowie allen übrigen Zutaten eine Art Marinade, mit der du die Kartoffelspiralen bestreichst.
4. Schließlich backst du diese bei 190 °C für 20 Minuten im Ofen.

Das Rezept als Video: www.leckerschmecker.me/kartoffel-wirbel/

SALSA-HOTDOG-RING

Dafür brauchst du:

runden Pizzateig	1
Salsa-Soße (Fertigprodukt)	200 g
Würstchen	4
geriebenen Mozzarella	60 g
gewürfelte Paprika grüne, rote, gelbe	je 1/2
gewürfelte Zwiebel	1/2
Olivenöl	

Zubereitung	ca. 20 Min
Umluft	190 °C – 18 Min
Portionen	4–6

So geht´s:

1. Breite den Pizzateig auf einem Backblech aus und streue den Mozzarella ringförmig auf ihm aus. Inner- und außerhalb des Käserings bleibt der Teig leer.
2. Halbiere die Würstchen und lege sie ebenfalls ringförmig auf den Käse.
3. Schneide den Pizzateig acht Mal bis zum Belag ein. Der Schnitt setzt dabei zwischen den Wurststückchen an. Jetzt wird der Teig von außen her auf den Belag umgeklappt.
4. Schneide den umgeklappten Teig zwischen den Wurststücken wieder ein. Schneide zusätzlich jedes der acht eingewickelten Wurststücke genau in der Mitte ein, sodass sich insgesamt 16 Schnitte ergeben. Drehe anschließend die eingeschnittenen Stücke so, dass die Schnittränder der Würste nach oben zeigen. Vielleicht musst du danach den Teig noch einmal festdrücken.
5. Erhitze für die Soße das Olivenöl in einer Pfanne und gib erst die Zwiebel, dann die Paprika hinzu. Füge zum Schluss die Salsa-Soße hinzu und vermische die Zutaten.
6. Gib die Soße direkt ins Innere des noch leeren Hotdog-Rings und backe diesen für 18 Minuten bei 190 °C Umluft im Ofen.

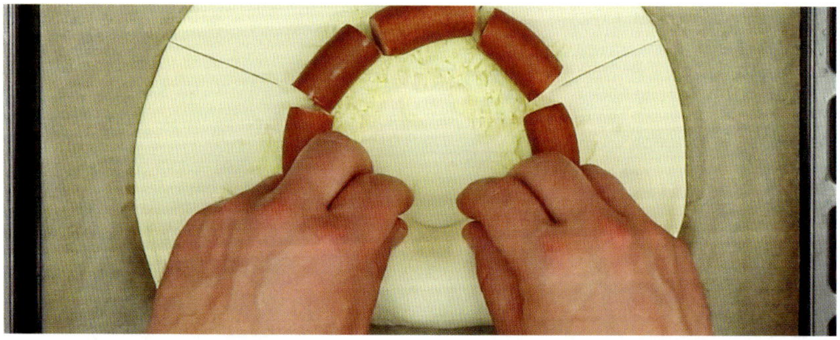

Das Rezept als Video: www.leckerschmecker.me/salsa-hotdog-ring/

Bacon-Lasagne

Dafür brauchst du:

Schichten

Bacon	30 Scheiben
Lasagneplatten	6
geriebenen Mozzarella	200 g

Bolognesesoße

Tomatensoße	300 ml
Rinderhackfleisch	250 g
gehackte Knoblauchzehen	2
gewürfelte Zwiebel	1
Thymian	1 TL
Rosmarin	1 TL
Oregano	1 TL
Olivenöl zum Anbraten	

Béchamelsoße

Milch	400 ml
Butter	30 g
Mehl	30 g
Salz	
Pfeffer	
Muskat	

Zubereitung	ca. 35 Min
Umluft	180 °C – 40 Min
Portionen	6–8

So geht's:

1. Lege zunächst eine Kastenform rundherum dicht mit Bacon aus. Die Scheiben sollten sich sowohl längs als auch am Boden der Form überlappen. Stelle zweitens sicher, dass sie über den Rand hängen, denn sie werden später als „Deckel" über den Auflauf zurückgeklappt. Lege dann zwei Lasagneplatten auf den Baconboden in der Form.
2. Für die Bolognesesoße brätst du zuerst das Hackfleisch in etwas Olivenöl an. Gib danach Zwiebeln, Knoblauch, Gewürze und zuletzt die Tomatensoße hinzu und mische alles sorgfältig. Lass die Soße köcheln, bis sie etwas eingedickt ist. Nimm die Pfanne dann vom Herd.
3. Nun kommt die Béchamelsoße an die Reihe: Lass die Butter dafür in einem Topf schmelzen und rühre dann das Mehl und anschließend nach und nach die Milch mit einem Schneebesen ein. Lass die Soße etwas köcheln und würze mit Salz, Pfeffer und Muskat. Rühre dabei ständig weiter, damit keine Klümpchen entstehen.
4. Verteile nun so viel von der Béchamelsoße auf die in der Form liegenden Lasagneplatten, dass diese komplett bedeckt sind. Streue dann ein Drittel des Mozzarellas darauf. Als nächste Schicht kommt die Hälfte der Bolognesesoße. Nun schichtest du die Lagen noch einmal, beginnend mit Nudelplatten, gefolgt von der Béchamelsoße, vom Mozzarella und abschließend mit der zweiten Hälfte der Bolognesesoße. Das wiederholst du ein drittes Mal, außer, dass keine Hackfleischsoße mehr obenauf kommt.
5. Klappe nun nacheinander alle über den Rand der Kastenform hängenden Baconscheiben auf die oberste Mozzarellaschicht, sodass die Lasagne ganz damit verschlossen wird. Beginne mit den Scheiben an den kurzen Seiten der Form.
6. Als letzten Schritt backst du die Lasagne für 40 Minuten bei 180 °C im Ofen.

Das Rezept als Video: www.leckerschmecker.me/bacon-lasagne/

Pizza-Hörnchen

Dafür brauchst du:

runden Pizzateig	1 Portion
geriebenen Käse	ca. 100 g
Zwiebeln	1/2
Paprika	1/2
kleine Salamischeiben	16
Tomatensoße	ca. 4 EL

Zubereitung	ca. 15 Min
Umluft	180 °C – 20 Min
	+ 180 °C – 5 Min
Portionen	4

So geht's:

1. Stelle zuerst aus einem DIN-A4-Blatt einen Kegel her. Falte das Blatt zuvor zum A5-Format, dann zum A6-Format. Schlage den Kegel anschließend in Backpapier ein. Von diesen Kegeln benötigst du vier Stück.
2. Schneide den Pizzateig über Kreuz in vier gleich große Portionen. In jedes der Stücke rollst du einen Papierkegel ein.
3. Setze die Teighörnchen kopfüber auf ein Backblech und backe sie für 20 Minuten bei 180 °C. Sind sie etwas ausgekühlt, entferne den Papierkegel.
4. Um das Hörnchen befüllen zu können, stelle es aufrecht in ein Glas. Nun fülle es mit einer kleinen Portion Käse, gib einen Esslöffel Tomatensoße sowie Zwiebeln, Paprika und Salamischeiben darauf. Kröne das Ganze noch mit etwas Käse. Dann werden die Hörnchen für 5 Minuten bei 180 °C gebacken.

Das Rezept als Video: www.leckerschmecker.me/pizzahoernchen/

Gigantisches Cordon bleu

Dafür brauchst du:

Hähnchenbrust	4 kg
Paniermehl	1 kg
Käsescheiben	500 g
Kochschinken	500 g
Mehl	500 g
verquirlte Eier	8
Öl zum Braten	
Salz	
Pfeffer	

Zubereitung	ca. 45 Min + 2 Std einfrieren
Frittieren	ca. 8 Min
Ober-/Unterhitze	140 °C – 60 Min
Portionen	8–10

So geht's:

1. Platziere die Hähnchenbrüste zwischen Frischhaltefolie und klopfe sie mit einem Fleischhammer zu dünnen, großen Hähnchenschnitzeln.
2. Lege zwei gleich große, rechteckige Auflaufformen mit Frischhaltefolie aus. Die Formen werden dir beim Zusammenlegen des gigantischen Cordon bleu helfen. Lege die Böden der Auflaufformen mit je zwei Schnitzeln aus, die du salzt und pfefferst. Belege die Schnitzel mit einer Schicht Käse und Kochschinken. Schlage die überstehenden Ränder der Schnitzel auf die Füllung um. Fahre damit fort, die Zutaten in gleicher Reihenfolge zu stapeln, bis du sie aufgebraucht hast. In der letzten Schicht deckst du allerdings nur in einer der Auflaufformen die Füllung mit weiteren Hähnchenschnitzeln ab.
3. Stürze nun eine der Auflaufformen auf die andere. Hebe die zusammengelegten Hälften mithilfe der Frischhaltefolie aus den Formen und wickle das Cordon bleu gut in die Folie. Vor der Weiterverarbeitung wird das Fleisch 2 Stunden lang tiefgekühlt.
4. Nun hat das Fleisch die nötige Festigkeit zum Panieren. Wälze das Fleisch rundherum in Mehl, Ei, dann Paniermehl, bis es vollständig bedeckt ist. Bei Bedarf kannst du die Schritte wiederholen.
5. Brate das Fleisch von allen Seiten, bis die Panade goldgelb ist. Backe es schließlich für 60 Minuten bei 140 °C.

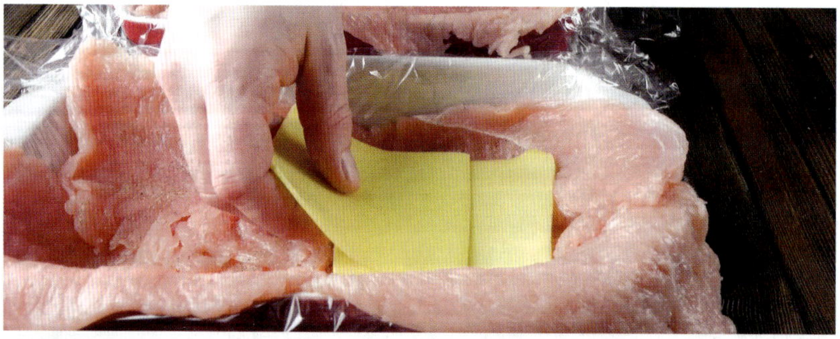

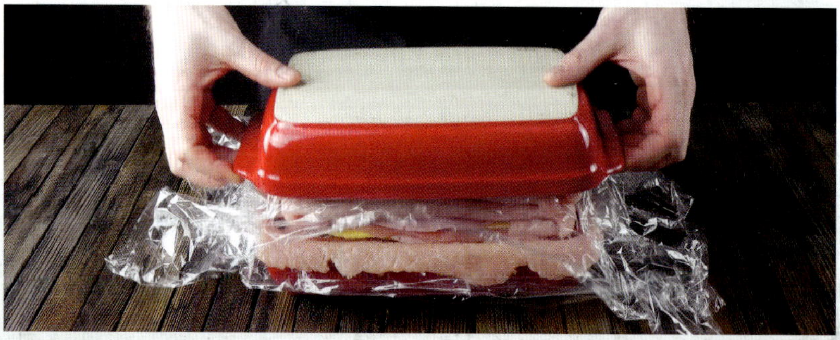

Das Rezept als Video: www.leckerschmecker.me/riesen-cordon-bleu/

Gefüllter Riesenhamburger

Dafür brauchst du:

Bacon	14 Scheiben
Rinderhackfleisch	500 g
geriebenen Cheddar	100 g
geriebenen Mozzarella	100 g
gewürfelte Zwiebel	1
gehackte Petersilie	4 EL
Salz	1 TL
Paprikapulver	1 EL

Zubereitung	ca. 40 Min
Umluft	170 °C – 15 Min
Braten	ca. 10 Min
Portionen	3–4

So geht´s:

1. Lege die Baconscheiben zu einem Gitter und backe sie bei 170 °C 15 Minuten lang im Ofen. Schneide danach das gebackene Bacon-Gitter mithilfe eines Tellers rund aus.
2. Vermenge das Hackfleisch mit dem Salz und dem Paprikapulver, halbiere die Masse und forme daraus zwei große Pattys. Brate in der Zwischenzeit die Zwiebeln goldbraun an.
3. Verteile auf einem der beiden Pattys jeweils die Hälfte der Zwiebeln, des Cheddars, des Mozzarellas sowie der Petersilie. Auf diesen Patty legst du nun das Bacon-Gitter und verteilst darauf den Rest des Mozzarellas, des Cheddars, der Petersilie und der Zwiebeln.
4. Lege den zweiten Patty auf den ersten und drücke beide an den Rändern zusammen. Brate beide Seiten des Riesenburgers bei schwacher Hitze ca. 10 bis 12 Minuten lang.
5. Genieße den gefüllten Riesenhamburger entweder pur oder bereite dir daraus ein Sandwich zu, indem du einzelne Stücke von ihm mit etwas Salat und einigen Tomatenscheiben zwischen zwei Scheiben Brot legst.

Das Rezept als Video: www.leckerschmecker.me/gefuellter-riesenhamburger/

Avocado-Überraschung

Dafür brauchst du:

Bacon	5 Scheiben
Avocado	1
Ei	1
Pflanzenöl	

Zubereitung	ca. 15 Min
Pochieren	ca. 4 Min
Braten	ca. 7 Min
Portionen	1

So geht's:

1. Teile die Avocado und entferne den Kern. Vergrößere das so entstandene Loch zusätzlich mit einem Löffel etwa auf Hühnereigröße und entferne außerdem die Schale der Frucht.
2. Das Ei muss pochiert werden. Das geht am besten mit dieser Methode: Lege ein Stück Frischhaltefolie in ein kleines Schälchen und schlage ein Ei in der Folie auf. Gib acht, dass das Eigelb unversehrt bleibt. Schließe die Folie mit einem Stück Bratenschnur zu einem Säckchen und lege dieses für 4 Minuten in kochendes Wasser. So erhält das Ei die perfekte Form, um in die Avocado zu passen.
3. Befreie das gekochte Ei aus der Folie und lege es in die Avocado, deren Hälften du nun wieder zusammendrückst.
4. Um sie fest zu schließen, umwickelst du sie vollständig mit den Baconscheiben.
5. Zum Schluss wird die Bacon-Avocado in heißem Öl von allen Seiten knusprig gebraten.

Das Rezept als Video: www.leckerschmecker.me/avocado-ueberraschung/

Chicken-Sandwich-Torte

Dafür brauchst du:

Torte

gegarte Hähnchenbrüste	2
Toastbrot	21 Scheiben
Frischkäse	200 g
Ketchup	150 ml
Mais	75 g
gekochte Erbsen	75 g
Pflanzenöl	
Salz	
Pfeffer	

Garnierung

geriebenen Mozzarella	100 g
geriebenen Parmesan	75 g

Zubereitung	ca. 45 Min
Umluft	180 °C – 15 Min
Portionen	6–8

So geht´s:

1. Zerkleinere zuerst die zwei Hähnchenbrüste auf einem Schneidebrett. Fülle die Stückchen dann in eine große Schüssel, gib Mais, Erbsen und nach Belieben Salz und Pfeffer hinzu. Mische danach alles gut durch.

2. Fette eine Springform mit dem Öl ein. Optimal ist eine Form mit einem Durchmesser von 24 cm. Schneide anschließend die Ränder aller Toastscheiben ab.

3. Stelle sieben Scheiben Toast entlang des Rands der Springform auf. Schneide aus den restlichen Scheiben gleichseitige Dreiecke aus. Mit diesen legst du den Boden der Springform aus. Insgesamt sollten sieben von ihnen in die Form passen. Die „Restdreiecke" kannst du für die zweite Toastschicht verwenden

4. Verteile nun mit einem Löffel die Hälfte des Ketchups gleichmäßig auf dem Toastboden. Darauf verstreichst du eine Schicht Frischkäse. Nimm dafür etwas weniger als die Hälfte der Gesamtmenge. Auf den Frischkäse kommt die Hälfte der Hühnchenmischung.

5. Wiederhole diese Schritte, indem du noch einmal Toastbrot, Ketchup, Frischkäse und Hühnchenmischung aufeinanderschichtest. Behalte vom Frischkäse allerdings etwa 7 EL zurück.

6. Als Garnierung streust du den Mozzarella und den Parmesan auf dein Werk. Verteile dann neben jede aufgestellte Toastscheibe einen Klecks Frischkäse auf die Torte.

7. Klappe die Toastscheiben anschließend sorgfältig nach innen. Der Frischkäse sollte dabei helfen, dass sie besser auf der Tortenoberseite haften bleiben. Backe die Torte schließlich für 15 Minuten bei 180 °C.

Das Rezept als Video: www.leckerschmecker.me/chicken-sandwich-torte/

Papas Bravas, mal anders

Dafür brauchst du:

Kartoffeln

große Kartoffeln	2
Tomaten	2
gehackte Knoblauchzehen	2
gewürfelte Zwiebel	1/2
gehackte Chilischoten	1 EL
Paprikapulver	1 TL
Salz	
frische Petersilie	

Aioli

Olivenöl	100 ml
Ei	1
Knoblauchzehe	1
Salz	

Zubereitung	ca. 30 Min
Kochen	4 Min
Frittieren	3-4 Min
Portionen	4

So geht´s:

1. Schneide die Seitenflächen der beiden Kartoffeln ab und stich aus den so erhaltenen Kartoffelquadern 4 runde Formen aus. Höhle dann die Kartoffelzylinder je zu einer Art Tasse aus. Die Kartoffelreste kannst du für ein anderes Gericht zu Kartoffelstampf verarbeiten.
2. Die Kartoffeltassen werden 4 Minuten in Salzwasser gekocht und daraufhin noch einmal 3 bis 4 Minuten bei 160 °C in Speiseöl frittiert.
3. Schäle die Tomaten, indem du die Haut einritzt, die Tomaten kurz in heißes Wasser legst und sogleich in Eiswasser abschreckst. Jetzt lässt sich die Tomatenhaut leicht abziehen. Entferne das flüssige Innere der Tomate und schneide ihr Fleisch in Würfel.
4. Schwitze die Zwiebel, den gehackten Knoblauch, den Chili und das Paprikapulver in einer Pfanne an und füge dann die Tomatenwürfel hinzu. Schmecke das Ganze mit Salz ab.
5. Für die Aioli werden die Zutaten in einem hohen Gefäß schaumig püriert.
6. Die Kartoffeltassen werden nun mit den Tomatenwürfeln und der Aioli als Topping gefüllt. Garniere die Tapas mit frischer Petersilie.

Das Rezept als Video: www.leckerschmecker.me/papas-bravas/

Weisskohl-Bombe

Dafür brauchst du:

Hackfleisch

Rinderhackfleisch	1,2 kg
Semmelbrösel	50 g
gehackte Petersilie	30 g
Eier	2
gewürfelte Zwiebeln	2
gehackte Knoblauchzehe	1
Senf	2 EL
Salz	1 TL
Pfeffer	1/2 TL
gemahlenen Kümmel	1/2 TL

Ausserdem

Weißkohl	1
Käse, im Stück	100 g
Honig	100 g
Rapsöl	100 ml
Paprikapulver	1 TL

Zubereitung	ca. 30 Min
Kochen	20 Min
Ober-/Unterhitze	160 °C – 60 Min
Portionen	6–8

So geht´s:

1. Gib das Hackfleisch und alle zugehörigen Zutaten zum Würzen in eine große Schüssel und verknete die Masse gut.
2. Lege den ganzen Weißkohl in einen großen Topf Wasser und koche ihn rund 20 Minuten.
3. Schneide den Strunk kreisrund aus dem weichgekochten Kohl, um ein großes, tiefes Loch entstehen zu lassen.
4. Stopfe das Loch mit Hackfleisch aus. In die Mitte der Masse setzt du den Käsestift. Anschließend umhüllst du den Weißkohl vollständig mit Hackfleisch.
5. Mische eine Marinade aus Honig, Paprikapulver und Rapsöl, mit der du die Weißkohlbombe einstreichst. Diese backst du anschließend für 60 Minuten bei 160 °C.

Das Rezept als Video: www.leckerschmecker.me/weisskohlbombe/

Hühnerbrust-Cordon-Bleu mit Tomatensosse

Dafür brauchst du:

Hühnerbrüste	3
Tomatensoße	400 ml
geriebenen Mozzarella	140 g
geriebenen Parmesan	100 g
verquirlte Eier	2
gehacktes Basilikum	2 EL
Mehl	
Semmelbrösel	
Öl	
Salz	

Zubereitung	ca. 30 Min
Braten	ca. 10 Min
Umluft	180 °C – 20 Min
Portionen	3

So geht's:

1. Streue deine Arbeitsfläche mit Salz aus. Lege eine Hühnerbrust darauf, streue auch auf deren Oberseite etwas Salz und schneide eine Tasche ins Fleisch. Fülle diese Tasche mit Mozzarella und drücke das Fleisch anschließend fest zusammen. Befülle so auch die übrigen Hühnerbrüste.

2. Wälze die gefüllten Hühnerbrüste in reichlich Mehl, Ei und zum Schluss in Semmelbröseln. Achte darauf, eine geschlossene Schicht Panade zu erzeugen. Bei Bedarf wiederhole die Arbeitsschritte einfach.

3. Brate die Hühnerbrüste in heißem Öl beidseitig goldbraun an.

4. Befülle eine Auflaufform mit rund drei Vierteln der Tomatensoße und lege darauf die gebratenen Hühnerbrüste. Streiche die übrige Tomatensoße aufs Fleisch.

5. Streue Parmesan und Basilikum auf die Hühnerbrüste und backe alles bei 180 °C für 20 Minuten im Ofen.

Das Rezept als Video: www.leckerschmecker.me/cordon-bleu-mit-huhn/

Nürnberger-Weisskohl-Gratin

Dafür brauchst du:

Weisskohl

gewürfelte Karotten	2
fein gewürfelte Zwiebel	1
Weißkohl	700 g
Paprikapulver	1 EL
gemahlenen Kümmel	1 EL

Frischkäse-Sosse

Kräuter-Frischkäse	400 g
Eier	3
Petersilie	2 EL

Kartoffelpüree

Kartoffeln	1 kg
heiße Sahne	150 ml
weiche Butter	40 g
Muskat	1 TL

Garnierung

Nürnberger Bratwürstchen	16
geriebenen Mozzarella	150 g
Zweig frischen Rosmarin	1

Zubereitung	ca. 40 Min
Kochen	10 Min
Umluft	180 °C – 30 Min
Portionen	6–8

So geht's:

1. Schneide den Weißkohl. Dünste anschließend in einer Pfanne die Karotten- und Zwiebelwürfel kurz mit reichlich Öl an. Gib den Kohl und die Gewürze hinzu und lass alles abgedeckt 10 Minuten köcheln. Nimm die Pfanne danach vom Herd.

2. Rühre für die Soße den Frischkäse mit Eiern, Salz, Pfeffer und Petersilie cremig.

3. Koche die Kartoffeln für das Püree. Gieße das Wasser ab und gib die Sahne, die Butter und die Gewürze zu den noch heißen Kartoffeln. Verarbeite alles mit einem Kartoffelstampfer zu Püree.

4. Fülle den Kartoffelbrei in eine hitzebeständige Form und streiche ihn glatt. Verteile darauf gleichmäßig das Gemüse und gib schließlich die Soße sowie den Mozzarella auf den Auflauf.

5. Brate die Würstchen in etwas Öl goldbraun. Zupfe die Blätter des Rosmarins ab und gib sie mit in die Pfanne. Setze die Würstchen anschließend nebeneinander auf den Mozzarella. Backe den Auflauf 30 Minuten lang bei 180 °C.

Das Rezept als Video: www.leckerschmecker.me/nuernberger-weisskohlgratin/

Hackbraten-Zopf

Dafür brauchst du:

Füllung und Pesto

Blumenkohl	300 g
gewürfelten Käse	100 g
frischen Bärlauch	100 g
Pflanzenöl	100 ml
Mandelmehl	3 EL
Salz	
Pfeffer	
Zucker	

Hackfleischmischung

Hackfleisch	1 kg
Eigelb	2
fein gewürfelte rote Zwiebel	1
Salz und Pfeffer	

Blätterteigmantel

fertigen Blätterteig	1
verquirltes Ei zum Bestreichen	

Zubereitung	ca. 45 Min
Ober-/Unterhitze	180 °C - 30 Min
Portionen	6-8

So geht's:

1. Für das Pesto schneidest du zuerst die Bärlauchblätter in Streifen, gibst sie in ein hohes Gefäß und dann die restlichen Zutaten - bis auf den Blumenkohl - hinzu. Püriere alles zusammen mit einem Pürierstab fein.

2. Schneide den Blumenkohl zu großen Röschen und gib diese in eine Schüssel. Gieße dann das Pesto darauf und mische beides sorgfältig.

3. In einer weiteren Schüssel mischst du das Hackfleisch mit der Zwiebel, dem Eigelb sowie Salz und Pfeffer.

4. Breite dann ein großes Stück Frischhaltefolie auf deiner Arbeitsfläche aus und verteile in der Mitte davon etwa die Hälfte der Hackfleischmischung. Forme ein Rechteck und drücke die Mischung etwas an. Verteile dann die Käsewürfel gleichmäßig darauf, lass dabei aber einen Rand. Auf den Käse setzt du die Blumenkohlröschen. Ummantle die Füllung mit dem restlichen Hackfleisch. Packe den Hackbraten dann fest in die Folie ein.

5. Lege den fertigen Blätterteig nun auf ein mit Backpapier ausgelegtes Backblech. Entferne dann die Folie vom Hackbraten und setze ihn mittig auf den Teig. Schneide nun durchgehend den Teig an den Längsseiten im Abstand von etwa 2 cm ein. Daraufhin bestreichst du den gesamten Teig mit Ei.

6. Klappe nun zunächst die Teig-Endstücke auf das Hack und dann einen Seitenstreifen nach dem anderen auf die Oberseite des Bratens. Bestreiche noch einmal alles mit Ei.

7. Nun wird das Prachtstück für 30 Minuten bei 180 °C gebacken.

Das Rezept als Video: www.leckerschmecker.me/hackbratenzopf/

Parmesan-Hühnchen mit getrockneten Tomaten

Dafür brauchst du:

Panade

Hähnchenbrüste	2
Mehl	4 EL
geriebenen Parmesan	2 EL
Salz	1 TL
Pfeffer	1 TL

Soße

Milch	360 ml
frische Champignons in Scheiben	250 g
getrocknete Tomaten	200 g
geriebenen Parmesan	40 g
gehackte Knoblauchzehe	1
gehacktes Basilikum	2 EL
Olivenöl	2 EL
Salz	
Pfeffer	

Zubereitung	ca. 20 Min
Braten	ca. 10 Min
Kochen	ca. 10 Min
Portionen	4

So geht's:

1. Mische für die Käsepanade Mehl, Parmesan, Salz und Pfeffer.
2. Schneide die Hähnchenbrüste der Länge nach durch, um vier dünne Hähnchenschnitzel zu erhalten. Wälze diese anschließend in der Panade.
3. Erhitze das Olivenöl und brate die Hähnchenschnitzel beidseitig an. Nimm sie aus der Pfanne und tupfe aus dieser das Fett ein wenig ab.
4. Gib Knoblauch und getrocknete Tomaten in die Pfanne. Füge die Pilze hinzu und gieße mit Milch auf, sobald die Pilze durchgegart sind. Nun lässt du die Soße zum Eindicken aufkochen und gibst den Parmesan dazu. Würze nach Belieben mit Salz und Pfeffer.
5. Lege zum Schluss die Hähnchenbrüste zurück in die Pfanne auf die Soße und streue das Basilikum darauf.

Das Rezept als Video: www.leckerschmecker.me/parmesanhuehnchen/

Spinat-Sonne

Dafür brauchst du:

Teig

Mehl	500 g
warmes Wasser	200 ml
Olivenöl	90 ml
Salz	2 TL

Füllung

Spinat frisch oder tiefgekühlt	350 g
Ricotta	350 g
geriebenen Parmesan	100 g
Eier	2
Salz	
Pfeffer	

Zubereitung	ca. 30 Min
Umluft	170 °C – 60 Min
Portionen	ca. 4–6

So geht´s:

1. Verknete Mehl, Olivenöl, Wasser und Salz zu einem glatten Teig. Teile ihn in zwei Portionen und rolle diese zu großen Kreisen aus.
2. Vermische Spinat, Ricotta, ein Ei, Parmesan, Salz und Pfeffer gut miteinander. Gib diese Masse folgendermaßen auf einen der Teigkreise: eine große Portion genau in die Mitte, den Rest ringförmig um diese herum. Lass zwischen Ring und Mitte etwas Abstand.
3. Bestreiche die Ränder mit einem Teil des zweiten Eies und lege den anderen Teigkreis darauf. Drücke die Ränder rundherum mit einer Gabel fest. So entsteht gleichzeitig ein dekoratives Muster.
4. Schneide den gefüllten Teig rundherum gleich tief bis zur Füllung in der Mitte ein. Greife die Stücke und drehe sie so nach oben, sodass die Füllung sichtbar wird.
5. Bestreiche die gesamte Oberseite mit dem verbliebenen Ei ein und backe alles 60 Minuten bei 170 °C.

Das Rezept als Video: www.leckerschmecker.me/spinat-sonne/

Kartoffelkuppel

Dafür brauchst du:

Kartoffeln mehligkochend	ca. 1,5 kg
Schlagsahne	500 ml
gebratenen Bacon	12 Scheiben
Emmentaler	9 Scheiben
Blätterteig je nach Schüsselgröße	
geriebenen Parmesan	30 g
verquirltes Ei	1
weiche Butter	2 EL
Salz	
Pfeffer	

Zubereitung	ca. 30 Min
Umluft	160 °C – 90 Min
Portionen	6–8

So geht's:

1. Fette eine ofenfeste Schüssel mit Butter ein. Stelle sie anschließend kalt.
2. Schneide die Kartoffeln in dünne Scheiben. Fülle sie in eine andere große (nicht gefettete) Schüssel, salze und pfeffere sie gut. Koche die Schlagsahne auf und gieße sie über die Kartoffelscheiben.
3. Lege die gefettete Schüssel mit den Kartoffelscheiben aus: zuerst den Boden, dann Reihe um Reihe bis zum Rand. Lege zusätzlich eine weitere Schicht Kartoffelscheiben auf den Boden der Schüssel.
4. Bedecke die letzte Kartoffelschicht mit zwei Scheiben Emmentaler. Darauf folgen eine Schicht Bacon und erneut Kartoffelscheiben. Lege die Schüssel mit zwei weiteren Schichten Emmentaler, Bacon und Kartoffeln aus.
5. Schließlich legst du eine passgenau zugeschnittene Scheibe Blätterteig darauf und bestreichst sie mit Ei. Bei 160 °C wird das Ganze für 90 Minuten gebacken und anschließend gestürzt.
6. Fülle in der Zwischenzeit die von den Kartoffelscheiben übriggebliebene Sahne in einen Topf um. Gib Parmesan und Pfeffer hinzu und koche sie erneut auf, bis der Käse aufgelöst ist. Serviere die Sahnesoße zur Kartoffelkuppel.

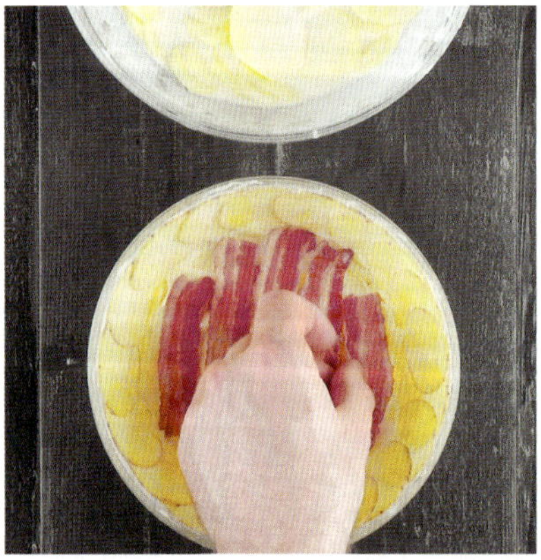

Das Rezept als Video: www.leckerschmecker.me/kartoffelkuppel/

TOAST-RINGE

Dafür brauchst du:

Toastbrot	ca. 13–15 Scheiben

Variante 1
HÄHNCHEN-BARBECUE-TOASTRING

Hähnchenbrust	500 g
geriebenen Cheddar	150 g
Barbecuesoße	150 ml

Variante 2
HAWAII-TOASTRING

Kochschinken	300 g
Butterkäse	250 g
Ananas, in Scheiben	2 Dosen

Variante 3
PFLAUMENMUS-TOASTRING

Pflaumenmus	150 g
Milch	100 ml
Eier	2
Zucker	2 EL
Zimt	1/2 TL

Variante 4
BACON-BRIE-TOASTRING

Brie, in Scheiben	300 g
Bacon	200 g
Birnen, in Scheiben	2

Zubereitung	ca. 20 Min
Umluft	180 °C – 15–18 Min
Portionen	ca. 13–15

So geht's:

Für jede der Varianten legst du einen großen Teller (z.B. einen Pizzateller) mit Toast im Kreis aus. Im Toastring überlappen sich dabei alle Scheiben.

1. Hähnchen-Barbecue-Toastring

Brate die Hähnchenbrüste gar und zupfe sie klein, sobald sie ausgekühlt sind. Das gezupfte Fleisch mischst du mit der Barbecuesoße. Löffle das Hähnchen zwischen die Toastscheiben und bestreue diese mit Cheddar.

2. Hawaii-Toastring

Zwischen die Toastscheiben legst du je eine Scheibe Kochschinken, einen Ananasring und eine Scheibe Butterkäse.

3. Pflaumenmus-Toastring

Verquirle Milch, Eier, Zucker und Zimt. Damit wird der Toastbrotring übergossen. Gib nun Pflaumenmus auf die Scheiben.

4. Bacon-Brie-Toastring

Gib zwischen alle Toastscheiben zuerst je eine Scheibe Bacon, zwei Birnenspalten und schließlich 2 Stück Brie.

Schließlich schlägst du die kompletten Teller locker in Aluminiumfolie ein und backst die Gerichte bei 180 °C für 15 bis 18 Minuten.

Das Rezept als Video: www.leckerschmecker.me/toast-ringe/

3 Kartoffel-Happen

Dafür brauchst du:

Kartoffel-Taler

kleine runde Kartoffeln	11
Hühnerbrühe	300 ml
gehackte Knoblauchzehen	2
Olivenöl	2 EL
Butter	1 EL
gehackte Petersilie	1 EL
gehackten Rosmarin	1 TL
gehackten Thymian	1 TL
Salz	

Fondant-Kartoffeln

große Kartoffeln mehligkochend	4
Gemüsebrühe	200 ml
Butter	1 EL
Thymian	1 Zweig
Salz und Pfeffer	

Faustschlag-Kartoffeln

mittelgroße Kartoffeln mehligkochend	9
Olivenöl	3 EL
gehackten Rosmarin	1 TL
Salz und Pfeffer	

Zubereitung	ca. 5 Min
Braten	ca. 10–15 Min
Kochen	ca. 10–15 Min
Ober-/Unterhitze	ca. 15–30 Min

So geht's:

Kartoffel-Taler

1. Gib die Kartoffeln gemeinsam mit dem Olivenöl, dem Rosmarin, dem Thymian sowie der Butter und etwas Salz in eine Pfanne.
2. Gib dann die Hühnerbrühe dazu und lasse das Ganze einkochen, bis die Brühe verkocht ist und die Kartoffeln weich sind.
3. Drücke die Kartoffeln mithilfe einer zweiten, etwas kleineren Pfanne platt und brate sie von beiden Seiten knusprig an.
4. Bestreue sie zu guter Letzt mit etwas Petersilie, bevor du sie servierst.

Fondant-Kartoffeln

1. Schäle die Kartoffeln zu mehr oder weniger zylindrischen oder rechteckigen Blöcken.
2. Halbiere die Kartoffelstücke und brate sie in einer ofenfesten Pfanne mit heißem Öl an der unteren Seite goldgelb an. Gib etwas Salz und Pfeffer hinzu.
3. Wende die Kartoffeln, um auch ihre andere Seite anzubraten, und gib die Butter sowie den gezupften Thymian hinzu.
4. Gieße die Gemüsebrühe in die Pfanne und lass alles kurz aufkochen.
5. Abschließend stellst du alles für 30 Minuten bei 200 °C Ober- und Unterhitze in den Backofen.

Faustschlag-Kartoffeln

1. Koche die Kartoffeln zunächst in gesalzenem Wasser weich.
2. Verteile Olivenöl auf einem Backblech, lege die Kartoffeln darauf und zerdrücke sie entweder mit der bloßen Faust oder einem Hilfsmittel.
3. Verfeinere die zerdrückten Kartoffeln mit Olivenöl, Salz, Pfeffer sowie Rosmarin und backe sie 15 Minuten lang bei 200 °C Ober- und Unterhitze im vorgeheizten Ofen. Serviere die Faustschlag-Kartoffeln anschließend mit einem Klecks Crème fraîche.

Das Rezept als Video: www.leckerschmecker.me/kartoffel-happen/

Hasselback-Caprese-Hähnchen

Dafür brauchst du:

Hähnchenbrüste	2
Tomaten	3
Mozzarella	2
einige Basilikumblätter	
Olivenöl	
Balsamico	
Pesto	
Salz	
Pfeffer	

Zubereitung	ca. 25 Min
Ober-/Unterhitze	180 °C – 20 Min
Portionen	2

So geht's:

1. Schneide je vier tiefe Spalten in die Hähnchenbrüste. Halbiere die Mozzarella-Kugeln und schneide die Hälften in Scheiben. Schneide eine Tomate in Viertel. Entferne das Kerngehäuse und halbiere die Viertel.

2. Belege die Tomatenstücke mit je einem Blatt Basilikum und einer Scheibe Mozzarella. Fülle damit die Hähnchenspalten auf. Würze die Brüste außerdem mit Salz und Pfeffer, ehe du sie mit etwas Olivenöl beträufelst. Bei 180 °C werden die Hähnchenbrüste 20 Minuten im Ofen gebacken.

3. Richte die übrigen zwei Tomaten auf – der Strunk zeigt dabei nach unten – und schneide eine schmale Scheibe von den Seiten. Nun legst du die Tomaten auf diese Schnittfläche; so rollen sie nicht mehr weg. Dann schneidest du auch in die zwei übrigen Tomaten vier tiefe Spalten, in welche du je eine Scheibe Mozzarella und ein Basilikumblatt legst. Schließlich würzt du die Tomaten mit Salz und Pfeffer und beträufelst sie mit etwas Olivenöl und Balsamico.

4. Serviere die angerichteten Tomaten mit den Hähnchenbrüsten. Etwas Pesto ergänzt die Mahlzeit perfekt.

Das Rezept als Video: www.leckerschmecker.me/caprese-huhn/

Pizza-Muffins

Dafür brauchst du:

Tortillas	2
geriebenen Mozzarella	90 g
Tomatensoße	6 EL
Salami, in Scheiben	
Kochschinken	
Ananas, in Stücken	

Zubereitung	ca. 15 Min
Umluft	180 °C – 12 Min
Portionen	6

So geht´s:

1. Stelle eine kleine Schale oder ein Glas kopfüber auf die Tortillas und schneide mit einem Messer den Teig drumherum aus. Pro Tortilla solltest du drei Portionen erhalten. Die Mini-Tortillas legst du nun in die Mulden einer Muffinform.

2. Gib je 1 EL Tomatensoße sowie etwas Mozzarella auf die Tortillas.

3. Die eine Hälfte der Muffins belegst du mit Salamischeiben, die andere mit Kochschinken und Ananas. Schließlich backst du die kleinen Snacks bei 180 °C für 12 Minuten.

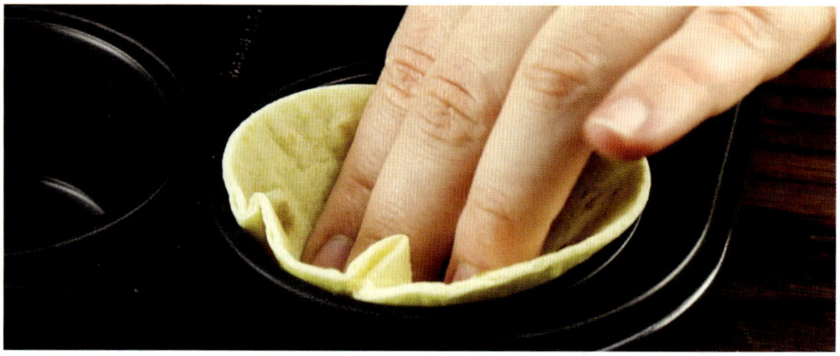

Das Rezept als Video: www.leckerschmecker.me/pizza-muffins/

Lasagne-Kartoffeln

Dafür brauchst du:

Kartoffeln

große Kartoffeln	6
Öl	2 TL
Salz	

Belag

Hackfleisch	400 g
Brühe	250 ml
Béchamelsoße	250 ml
Mozzarella in Scheiben	
gehackte Knoblauchzehen	2
gewürfelte Zwiebel	1
Tomatenmark	2 EL
Salz	
Pfeffer	

Garnierung

Mozzarella	6 Scheiben

Zubereitung	ca. 40 Min
Braten	ca. 15 Min
Umluft	180 °C – 60 Min + 30 Min
Portionen	6

So geht's:

1. Schneide die Kartoffeln in Abständen von ca. 5 mm fächerartig tief ein, ohne sie dabei zu durchtrennen.

   Tipp: Lege die Kartoffeln zwischen zwei Holzkochlöffel. Diese dienen für das Messer als „Schnittstopp".

2. Lege die Kartoffeln in eine gusseiserne Pfanne oder eine Auflaufform, bestreiche sie mit dem Öl und streue etwas Salz darauf. Stelle die Form dann für 60 Minuten bei ca. 180 °C in den Ofen.

3. Lass die Kartoffeln anschließend etwas abkühlen und stecke dann die Mozzarellascheiben in die Einschnitte.

4. Als Nächstes brätst du für die Hackfleischfüllung das Hack in etwas Öl an und gibst dann Zwiebel und Knoblauch hinzu. Nachdem du alles miteinander vermischt hast, rührst du das Tomatenmark und die Brühe ein und lässt den Hackmix einkochen, bis er nur noch leicht flüssig ist. Schmecke die Soße zum Schluss mit Salz und Pfeffer ab.

5. Verteile diese Soße anschließend auf den Kartoffeln, die sich immer noch in der Pfanne bzw. in der Form befinden. Danach gießt du gleichmäßig die Béchamelsoße darüber. Als i-Tüpfelchen belegst du noch einmal jede Kartoffel mit einer Scheibe Mozzarella.

6. Als Letztes kommt die Leckerei nochmal in den Ofen: Diesmal backst du sie für 30 Minuten bei 180 °C.

Das Rezept als Video: www.leckerschmecker.me/lasagne-kartoffeln/

Schichtfleisch-BBQ

Dafür brauchst du:

Feuertopf (bzw. „Dutch Oven")	1
Grill	1
Schweinenacken in Scheiben geschnitten	3,5 kg
Baconscheiben Menge je nach Größe des Topfes	
Gemüsezwiebeln Menge je nach Größe des Topfes	
Tomaten Menge je nach Größe des Topfes	
Barbecuesoße	
Paprikapulver	6 EL
Kreuzkümmel	3 EL
Pfeffer	1 EL
Salz	1 EL

Zubereitung	ca. 30 Min
Schmoren	ca. 2,5 Std
Portionen	ca. 8-10

So geht´s:

1. Verteile die Baconscheiben flächendeckend auf dem Boden und an den Innenwänden des Feuertopfes.

2. Fülle das Paprikapulver, den Kreuzkümmel, das Salz und den Pfeffer in eine Schale und verrühre die Zutaten mit einem Löffel zu einer Gewürzmischung. Anschließend schneidest du die Gemüsezwiebeln und Tomaten in etwas dickere Scheiben. Wie viele Zwiebeln und Tomaten du benötigst, hängt von der Größe deines Feuertopfes ab.

3. Wende die einzelnen Schweinenacken-Scheiben in der Gewürzmischung.

4. Halte den Topf ein wenig schräg und schichte abwechselnd das Fleisch, die Zwiebeln und die Tomaten neben- bzw. aufeinander.

5. Verteile anschließend die Barbecuesoße-Soße darauf.

6. Nun wird es heiß: Wenn die Kohle in deinem Grill richtig glüht, kannst du den Feuertopf direkt daraufstellen. Vergiss jedoch nicht, den Deckel auf den Topf zu legen. Das Ganze lässt du dann 2,5 Stunden vor sich hin schmoren.

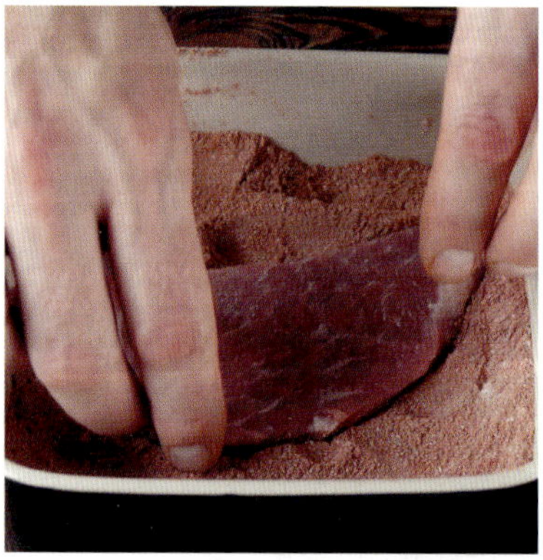

Das Rezept als Video: www.leckerschmecker.me/schichtfleisch-im-feuertopf/

Blumenkohl-Insel

Dafür brauchst du:

Hackfleisch	500 g
Babybel	5 Stück
Blumenkohl	1/2
Currypulver	1 TL
Paprikapulver	1 TL
Kreuzkümmel	1 TL
gehackten Knoblauch	1 TL
Senf	1 TL
Ketchup	1 TL
Salz	
Pfeffer	

Béchamelsoße

Milch	200 ml
Mehl	20 g
Butter	20 g
Lorbeerblatt	1
Muskat	
Cayennepfeffer	
Salz	
Pfeffer	

Außerdem

Blattpetersilie	1 EL
Olivenöl	1 EL

Zubereitung	ca. 30 Min
Umluft	160 °C – 25 Min
Kochen	ca. 10 Min
Portionen	ca. 4

So geht's:

1. Würze das Hackfleisch mit Currypulver, Paprikapulver, Kreuzkümmel, Knoblauch, Senf und Ketchup sowie mit etwas Salz und Pfeffer. Breite einen Teil davon als Fladen auf einem Backblech aus.

2. Auf diesem Fladen platzierst du die Mini-Käse von Babybel und ummantelst sie mit dem restlichen Hackfleisch.

3. Dekoriere das mit Babybels gefüllte Hackfleisch mit Blumenkohlröschen und backe es 25 Minuten lang bei 160 °C.

4. Bereite nun die Béchamelsoße zu, indem du die Butter in einem Topf schmilzt, Mehl einrührst und alles vorsichtig andünsten lässt. Gieße den Inhalt des Topfes mit Milch auf und gib Muskat, das Lorbeerblatt, Cayennepfeffer sowie eine Prise Salz und Pfeffer hinzu. Lass die Soße so lange kochen, bis sich das Mehl komplett aufgelöst hat und die Soße schön sämig ist.

5. Bevor du dein Hackfleischgericht mit der Béchamelsoße übergießt, schneidest du zu guter Letzt die Blattpetersilie klein, vermengst sie mit dem Olivenöl und verteilst sie über den Blumenkohl.

Das Rezept als Video: www.leckerschmecker.me/blumenkohl-insel/

Schweinerücken mit Apfel und Honig

Dafür brauchst du:

Gemüse

Butter	60 g
Staudensellerie	4 Stangen
kleine Zwiebeln	4
Salbeiblätter	4
halbe Karotten	3
Pastinaken	2
gehackte Knoblauchzehen	2
Apfel	1
Öl	
Salz und Pfeffer	

Schweinerücken

Schweinerücken	1,5 kg
Apfel	1
Honig	2 EL
Thymianzweige	
Zimt	
Salz und Pfeffer	

Reis

Gemüsefond	800 ml
Reis	350 g
Weißwein	250 ml
zerkleinerte Cashewnüsse	50 g
gewürfelte Zwiebel	1/2
Lorbeerblätter	
Öl	

Zubereitung	ca. 45 Min
Braten	ca. 10 Min
Umluft	120 °C – 2 Std.
Kochen	ca. 10 Min
Portionen	6–8

So geht´s:

1. Schäle und schneide die Karotten und schneide ferner die Pastinaken, den Staudensellerie, die Zwiebeln und den Apfel in mundgerechte Stücke. Gieße reichlich Öl in einen Bräter und lass es dort heiß werden. Brate das Gemüse darin scharf an und würze es mit Knoblauch, Salz und Pfeffer. Rühre alles sorgfältig um, zerpflücke die Salbeiblätter, streue sie auf das Gemüse und gib zuletzt die Butter in Würfeln darauf.

2. Verteile nun Salz, Pfeffer und Zimt auf deiner Arbeitsfläche, rolle den Schweinerücken einmal durch die Gewürze und reibe das Fleisch noch einmal damit ein. Setze nun acht ca. 5 cm tiefe Einschnitte in das Fleisch.

3. Achtele dann den zweiten Apfel, z.B. mit einem Apfelspalter, und stecke die Spalten in die Einschnitte im Schweinerücken. Stelle diesen dann kurz kalt und lege ihn anschließend auf das Gemüsebett im Bräter. Verteile den Honig gleichmäßig darauf und garniere das Fleisch anschließend mit den Thymianzweigen. Schiebe dein Werk schließlich in den Ofen: Es wird 2 Stunden bei 120 °C gegart.

4. Für die Reisbeilage lässt du zuerst Öl in einer beschichteten Pfanne heiß werden und röstest dann die Cashewnüsse darin an. Gib dann die Zwiebel dazu und lass sie kurz anschwitzen. Nun kommt der Reis hinzu. Lösche den Pfanneninhalt mit dem Wein und dem Fond ab und gib die Lorbeerblätter in die Brühe. Lass das Ganze so lange unter gelegentlichem Rühren köcheln, bis der Reis gar und die Brühe reduziert ist.

Das Rezept als Video: www.leckerschmecker.me/apfel-schweinerueecken/

Beef-Wellington-Ring

Dafür brauchst du:

Rinderfilets	2
fertige Blätterteigplatten	2
weiße Champignons	250 g
Kochschinken	150 g
Käse	10 Scheiben
große Zwiebel	1
Petersilie	1 Handvoll
Eigelb	
Öl	
Muskat	
Salz	
Pfeffer	

Zubereitung	ca. 30 Min
Braten	Füllung ca. 10 Min
	Fleisch ca. 10 Min
Ober-/Unterhitze	185 °C – 45 Min
Portionen	8–10

So geht´s:

1. Hacke zuerst die Pilze und die Petersilie klein, schneide dann den Kochschinken in kleine Stücke und würfele die Zwiebel fein. Alles kommt zusammen in eine große Schüssel.

2. Brate die Mischung in Öl an und würze sie mit Salz, Pfeffer und Muskat und nimm sie dann von der Kochstelle, damit sie etwas abkühlt.

3. Rolle nun eine Blätterteigplatte aus und verteile die Pilz-Schinken-Mischung in Ringform darauf.

4. Brate die Rinderfilets in Öl und würze sie in der Pfanne mit Salz und Pfeffer. Lege die Filetstücke gegenüber voneinander auf den Pilz-Schinken-Ring. Belege das Rindfleisch dicht mit den Käsescheiben und bestreiche mit einem Pinsel den Rand um den Ring herum sowie das „Loch" in der Ringmitte mit Eigelb.

5. Lege dann den zweiten ausgerollten Blätterteig darauf und drücke ihn vorsichtig am Ring fest. Stanze mithilfe eines Trinkglases ein Loch in die Ringmitte und entferne den Teig dort. Schneide dann ebenfalls den Teig um den Ring herum ab, lasse dabei allerdings einen Rand von etwa 1 bis 2 cm. Mit einer Gabel drückst du dort ringsherum die zwei Teigschichten fest. Bestreiche alles anschließend noch einmal mit Eigelb.

6. Backe den Ring bei 185 °C für 45 Minuten.

Das Rezept als Video: www.leckerschmecker.me/beef-wellington-ring/

Orangen-Hühnchen

Dafür brauchst du:

Hühnchen

Hühnerfilet	800 g
Wasser	600 ml
Mehl	375 g
Maisstärke	125 g
Ei	1
Pflanzenöl	2 EL
Salz	1 EL
Pfeffer	1 TL
raffiniertes Erdnussöl	

Orangensosse

weißen Essig	120 ml
Orangensaft	60 ml
braunen Zucker	50 g
Maisstärke	2 EL
Wasser	2 EL
Sesamöl	1 TL
Pflanzenöl	1 EL
gehackten Knoblauch	1 EL
Ingwer	1/2 TL
Chiliflocken	1/4 TL

Sesam zum Garnieren

Frittieren	ca. 3-6 Min
Braten	ca. 5 Min
Portionen	ca. 4

So geht´s:

1. Gib Mehl, Maisstärke, Salz, Pfeffer, Pflanzenöl, Ei und Wasser in eine Schüssel und verrühre die Zutaten mit einem Schneebesen.

2. Tauche das kleingeschnittene Hühnchenfleisch in den flüssigen Teig.

3. Erhitze einen Topf mit Erdnussöl (es kann auch anderes Öl sein, das sich zum Frittieren eignet). Warte, bis das Öl ganz heiß ist, dann kannst du die Hühnchenstücke ins heiße Fett geben. Je nachdem, wie knusprig du es magst, sollte das panierte Huhn zwischen 3 und 6 Minuten im heißen Öl liegen.

4. Wenn der Teig knusprig genug ist, holst du die Hühnchenstücke mit einer Schaumkelle heraus und lässt sie auf Küchenpapier abtropfen.

5. Brate Chiliflocken, Knoblauch und Ingwer mit dem Pflanzenöl in einer Pfanne an. Füge braunen Zucker hinzu und lass das Ganze unter ständigem Rühren karamellisieren, bis es goldbraun ist. Anschließend gibst du den Orangensaft und den weißen Essig hinzu.

6. Gib 2 EL Maisstärke und 2 EL Wasser in ein Schälchen und verrühre sie miteinander. Anschließend fügst du die dabei entstandene milchige Flüssigkeit löffelweise zu den anderen Zutaten in die Pfanne hinzu. Verrühre alles miteinander.

7. Zum Schluss fügst du nur noch die panierten Hühnchenstücke gemeinsam mit 1 TL Sesamöl hinzu und brätst sie für einen kurzen Moment in der Orangensoße goldgelb.

8. Am besten eignet sich zu diesem Gericht Basmati- oder Jasmin-Reis. Wer das Orangen-Hühnchen noch etwas veredeln möchte, streut etwas Sesam darüber.

Das Rezept als Video: www.leckerschmecker.me/orangen-huehnchen/

Spaghetti-und-Hack-Sandwich

Dafür brauchst du:

Tomatensoße	300 ml
geriebenen Mozzarella	250 g

Fleischbällchen

Hackfleisch	750 g
Eier	2
gehackte Knoblauchzehe	1
Paniermehl	5 EL
getrockneten Majoran	2 EL
Paprikapulver	1 EL
Senf	1 EL
Salz	
Pfeffer	

Nudeln

gekochte Spaghetti	500 g
geriebenen Parmesan	150 g
Eier	3

Zubereitung	ca. 40 Min
Braten	ca. 12–15 Min
Umluft	180 °C – 15 Min
Portionen	4

So geht´s:

1. Bereite zunächst die Fleischbällchen zu, indem du die entsprechenden Zutaten in einer Schüssel miteinander verknetest, das Ganze zu kleinen Hackbällchen formst und diese in einer Pfanne von allen Seiten gleichmäßig brätst.

2. Bereite die Nudeln zu, indem du zunächst die drei Eier verquirlst und mit dem Parmesan verrührst. Gib dieses Gemisch anschließend über die vorgekochten Spaghetti und vermenge alles gut miteinander.

3. Kleide mit der ersten Hälfte der Nudeln den Boden einer runden Backform aus. Gib die Fleischbällchen dazu und verteile darüber die Tomatensoße und den Mozzarella. Zu guter Letzt kommen die restlichen Nudeln obendrauf.

4. Backe das Spaghetti-Hackfleisch-Sandwich 15 Minuten lang bei 180 °C. Abschließend brauchst du nur noch die Backform zu entfernen, um das kulinarische Prachtstück zu servieren.

Das Rezept als Video: www.leckerschmecker.me/spaghetti-und-hack-sandwich/

Mozzarella-Überraschung

Dafür brauchst du:

Mozzarellas	4
verquirlte Eier	3
Mehl	100 g
Paniermehl	100 g
getrocknete Tomaten	25 g
Schinken	20 g
frische Basilikumblätter	
Öl	

Zubereitung	ca. 15 Min
Frittieren	ca. 6 Min
Portionen	4

So geht's:

1. Schneide die Oberseite der Mozzarellas ein, aber nicht ab, sodass sich je eine Lasche bildet. Schlage diese vorsichtig um und höhle den Käse mit einem Löffel aus.
2. Gib Schinken, Tomaten und einige Basilikumblätter in die Mulde und klappe die Lasche wieder zu.
3. Jetzt wälzt du den Käse erst im Mehl, dann im Ei, zuletzt im Paniermehl.
4. Schließlich frittierst du die Mozzarellas für etwa 6 Minuten.

Das Rezept als Video: www.leckerschmecker.me/mozzarella-ueberraschung/

Ravioli aus der Eiswürfelform

Dafür brauchst du:

Fleischfüllung

Hackfleisch	300 g
gewürfelten Speck	80 g
Eigelb	1
gewürfelte Zwiebel	1/2
Tomatenmark	1 EL
gehackte Petersilie	1 EL
Salz und Pfeffer	
Öl	

Spinatfüllung

Spinat	350 g
Ricotta	100 g
geriebenen Parmesan	90 g
Eigelb	1
gehackte Knoblauchzehe	1
gewürfelte Zwiebel	1/2
Salz und Pfeffer	
Öl	
Muskat	

Ravioli-Teig

Mehl	125 g
Hartweizengrieß	125 g
Eier	2
Eigelb	1
Olivenöl	1 EL
Salz	1/2 TL

Zubereitung	ca. 30 Min + 30 Min kalt stellen
Braten	jeweils ca. 10 Min
Kochen	ca. 5 Min
Portionen	ca. 2

So geht's:

1. Erhitze etwas Öl und brate das Hackfleisch und den Speck darin braun an. Gare schließlich auch die Zwiebeln mit. Gib das Hackfleisch in eine Schüssel und verrühre es mit Eigelb, Tomatenmark, Petersilie, Salz und Pfeffer.

2. Dünste für die Spinatfüllung die Zwiebel und den Knoblauch an. Gib den Spinat hinein und gare ihn mit, ehe du alles in eine weitere Schüssel umfüllst. Gib Ricotta, Parmesan, Eigelb, Salz, Pfeffer und Muskat hinzu.

3. Verknete für die Ravioli alle Zutaten zu einem Teig. Forme den Teig zu einer Kugel und halbiere diese.

4. Rolle beide Hälften auf einer bemehlten Arbeitsfläche zu einem breiten Streifen aus, der deine Eiswürfelform vollständig abdeckt. Breite einen Teigstreifen auf der Eiswürfelform aus und drücke sanft mit dem Finger in die Kuhlen, um Mulden zum Füllen zu bilden.

5. Gib in die Hälfte der Mulden die Hackfleisch-, in die andere Hälfte die Spinatfüllung. Bestreiche die Muldenränder mit Ei, zum Beispiel dem übriggebliebenen Eiweiß und lege den zweiten Teigstreifen auf. Fixiere den Teig, indem du mit einem Nudelholz über ihn rollst. Schneide nun den überstehenden Teig von den Rändern und stelle die Ravioli 30 Minuten kalt.

6. Stürze den gekühlten Teig auf eine bemehlte Arbeitsfläche und teile die Ravioli mit einem Teigrad. Koche die Ravioli für ca. 5 Minuten in Salzwasser und serviere sie mit einer Tomatensoße.

Das Rezept als Video: www.leckerschmecker.me/ravioli-aus-der-form/

Mozzarella-Hackbällchen-Auflauf

Dafür brauchst du:

Hackbällchen

Hackfleisch	450 g
Mozzarella	1
grobe Semmelbrösel	80 g
Ei	1
gehackte Knoblauchzehe	1
gewürfelte Zwiebel	2 EL
Oregano	1/2 TL
Salz und Pfeffer	
Öl	

Zusätzlich

Tomatensoße	500 ml
geriebenen Käse	ca. 100 g
Baguette in Scheiben	
weiche Butter	3 EL
gehackten Knoblauch	1 TL
Salz	1/2 TL
gehackte Petersilie	1/2 TL

Zubereitung	ca. 30 Min
Braten	ca. 10 Min
Umluft	170 °C – 20 Min
Portionen	ca. 4

So geht's:

1. Gib für die Hackbällchen das Hackfleisch, die Semmelbrösel, den Oregano, die Zwiebel, das Ei, den Knoblauch sowie Salz und Pfeffer in eine große Schüssel und verknete alles gründlich.
2. Nimm eine Portion des Fleisches in die Hand und forme eine rundliche, flache Platte daraus. Lege dann ein Stück Mozzarella in die Mitte, umschließe es mit dem Fleisch und forme dieses zu einem Ball. Wiederhole das so oft, bis du zwölf kleine, gefüllte Buletten vor dir hast.
3. Brate die Bällchen danach in reichlich Öl von allen Seiten gut an und lösche sie mit der Tomatensoße ab. Lass das Gericht anschließend 5 Minuten köcheln und fülle es in eine Auflaufform um.
4. Würze die Butter mit dem Salz, der Petersilie und dem Knoblauch und streiche alle Baguettescheiben damit ein.
5. Kleide den Rand der Auflaufform mit den Baguettescheiben so aus, dass sie teilweise in der Soße versinken. Die Butterseite sollte dabei jeweils nach innen zeigen.
6. Streue als i-Tüpfelchen den geriebenen Käse über die Hackbällchen. Das Gericht wird dann für 20 Minuten bei 170 °C goldbraun gebacken.

Das Rezept als Video: www.leckerschmecker.me/hackbaellchen-auflauf/

Indisches Menü

Dafür brauchst du:

Tanduri-Huhn

Hähnchenbrüste	4
Naturjoghurt	300 ml
ausgepresste Zitrone	1/2
gehackte Knoblauchzehen	2
Paprikapulver rosenscharf	3 TL
gemahlenen Ingwer	1 TL
Koriander gemahlen	1/2 TL
Kreuzkümmel gemahlen	1/2 TL
Kurkuma gemahlen	1/2 TL
gemahlenen Zimt	1/2 TL
Cayennepfeffer	1/2 TL
Salz	

Bhatura-Brote

Mehl	250 g
Maismehl	4 EL
Naturjoghurt	3 EL
Pflanzenöl	2 EL
Trockenhefe	2 TL
Zucker	1 TL
Salz	1 TL
Mehl	
Palmfett	

Zubereitung	ca. 40 Min
Umluft	180 °C – 30 Min
Frittieren	ca. 2 Min
Portionen	4

So geht's:

1. Schneide die Hähnchenbrüste zunächst in dicke Scheiben und reibe sie dann sorgfältig mit Salz und Zitrone ein.

2. Rühre für die Marinade alle Gewürze in den Joghurt ein. Lege das Hühnchen in eine feuerfeste Form und verteile den Würzjoghurt darauf. Das Ganze soll nun für 4 Stunden marinieren und kommt danach für 30 Minuten bei 180 °C in den Ofen.

3. Für die Bhatura-Brote mischst du Mehl, Maismehl, Joghurt, Hefe, Zucker, Pflanzenöl und Salz in einer Schüssel und knetest alles zu einem Teig. Decke ihn danach zu und lass ihn etwas gehen.

4. Knete den Hefeteig vor der Weiterverarbeitung nochmal durch und trenne dann ein etwa faustgroßes Stück ab. Walze es auf einer bemehlten Arbeitsfläche etwa kreisrund aus und frittiere es in 210 °C heißem Palmfett, bis es goldbraun ist. Das beste Resultat kannst du erzielen, wenn du das Brot in einem Wok zubereitest und immer wieder mit einer Suppenkelle oder einem Schaumlöffel Fett aufs Brot schöpfst.

Tipp: Serviere zu diesem Menü einen leckeren Joghurt-Minz-Dip. Diesen kannst du ganz leicht selbst herstellen, indem du 200 g Naturjoghurt und 3 EL frische, gehackte Minzblätter mischst.

Das Rezept als Video: www.leckerschmecker.me/indisches-menue/

Bacon-Bowl-Raclette

Dafür brauchst du:

ofenfeste Glasschüssel	1
Bacon	6 Scheiben
Raclettekäse	15 Scheiben
Kartoffeln	3
Cornichons	
Paprikapulver	
Rosmarin	
Salz	
Petersilie	
Öl zum Frittieren	

Zubereitung	ca. 15 Min
Ober-/Unterhitze	130 °C – 30 Min
Frittieren	ca. 3–5 Min
Portionen	2–4

So geht´s:

1. Stelle eine ofenfeste Glasschüssel kopfüber auf die Arbeitsplatte und lege den Bacon Scheibe für Scheibe um sie herum, bis sie komplett bedeckt ist. Drücke die Schinkenscheiben anschließend fest.
2. Backe die Baconschüssel bei 130 °C für 30 Minuten im Ofen. Lass sie anschließend gründlich abkühlen und löse dann den Bacon vorsichtig vom Glas. Jetzt hast du einen essbaren Behälter.
3. Während der Bacon abkühlt, erhitze das Öl in einem großen Topf. Halbiere die Kartoffeln und schneide sie der Länge nach in schmale Stücke. Diese landen im kochenden Öl und werden dort knusprig frittiert.
4. Würze die Kartoffelspalten nach deinem Geschmack mit Salz, Paprikapulver und Rosmarin. Jetzt kommt die abgekühlte Baconschüssel zum Einsatz. Sie wird mit den frittierten Kartoffeln gefüllt.
5. Lege den Raclettekäse in eine beschichtete Pfanne und bringe ihn unter Rühren zum Schmelzen. Gieße nun den cremigen Käse über die Kartoffelspalten.
6. Hacke die Cornichons und die Petersilie klein und garniere das Mahl damit. Du kannst abwechselnd ein Stück Kartoffel und ein Stück der Baconschale in den Käse dippen.

Das Rezept als Video: www.leckerschmecker.me/raclette-in-baconschale/

Taco-Tomaten

Dafür brauchst du:

Hackfleisch	350 g
Tomaten	4
Zwiebel	1
Knoblauchzehe	1
Kreuzkümmel	1 TL
Chilipulver	1 EL
geriebenen Cheddar	
grünen Salat in feinen Streifen	
Sour Cream	
Salz	
Pfeffer	

Zubereitung	ca. 15 Min
Braten	ca. 10 Min
Portionen	4

So geht's:

1. Brate das Hackfleisch zusammen mit der gewürfelten Zwiebel an und würze es mit Chilipulver, Kreuzkümmel, der kleingeschnittenen Knoblauchzehe sowie Salz und Pfeffer. Nimm die Pfanne anschließend vom Herd.

2. Lege jede Tomate mit dem Stielansatz nach unten auf ein Brett und schneide sie sternförmig auf. Achte darauf, die Einschnitte nicht so tief zu machen, dass du die Tomate durchschneidest. Sind die Schnitte allerdings nicht tief genug, wirst du die Tomate im nächsten Schritt nicht befüllen können.

3. Spreize die sechs Spalten vorsichtig und fülle die Tomate mit Hackfleisch. Gib anschließend Cheddar und Salat obendrauf und versieh das Ganze abschließend mit einem Klecks Sour Cream.

Das Rezept als Video: www.leckerschmecker.me/taco-tomaten/

„Hühnchen Alfredo"-Pfanne

Dafür brauchst du:

Sahne	350 ml
Hähnchenbrust gewürfelt	300 g
gewürfelte Kartoffeln	150 g
Brokkoli in Röschen geschnitten	150 g
geriebenen Parmesan	100 g
Frischkäse	100 g
Butter	50 g
geviertelte Kirschtomaten	10
gehackte Knoblauchzehe	1
verquirltes Ei	1
Blätterteig je nach Pfannengröße	
Öl	

Zubereitung	ca. 25 Min
Braten	ca. 12–15 Min
Umluft	190 °C – 20 Min
Portionen	4–6

So geht's:

1. Brate die Hähnchenbrustwürfel in heißem Öl durch – idealerweise in einer gusseisernen Pfanne. Dann gibst du Kartoffeln und Brokkoli dazu, salzt und pfefferst und brätst das Gemüse mit an.

2. Gieße die Pfanne mit Sahne auf und gib außerdem Parmesan, Frischkäse, Knoblauch und Butter dazu. Verrühre die Zutaten und lass die Pfanne 10 Minuten köcheln. Erst dann rührst du die Tomaten unter.

3. Nimm die Pfanne vom Herd und lege den Blätterteig so auf, dass er den Pfannenrand überlappt. Drücke ihn am Rand der Pfanne fest und bestreiche ihn mit Ei. Backe die Pfanne für 20 Minuten im auf 190 °C vorgeheizten Ofen.

Das Rezept als Video: www.leckerschmecker.me/huehnchen-alfredo-pfanne/

Carbonara-Rolle

Dafür brauchst du:

Rolle

Toastbrot	12 Scheiben
Crème fraîche	300 g
Speck in Streifen geschnitten	200 g
Parmesan	40 g

Überzug

Crème fraîche	100 g
geriebenen Mozzarella	60 g
Parmesan	40 g

Garnierung

Eigelb mit Schale	3
frische, gehackte Petersilie	

Zubereitung	ca. 25 Min + 30 Min kalt stellen
Braten	ca. 5 Min
Umluft	200 °C – 20 Min + 200 °C – 5 Min
Portionen	ca. 6

So geht´s:

1. Schneide für die Rolle zunächst die Ränder der Toasts ab. Lege dann die Toasts in einem Rechteck (am besten im Verhältnis 3 zu 4) leicht überlappend auf deine Arbeitsfläche. Walze sie mit einem Nudelholz platt und bestreiche die gesamte Fläche gleichmäßig mit Crème fraîche.

2. Brate die Speckstreifen in einer Pfanne, bis sie knusprig braun sind, und verteile sie anschließend auf der Crème fraîche. Reibe dann den Parmesan darüber.

3. Rolle die belegte Toastbrotplatte nun ein und packe sie in Frischhaltefolie. Die Enden kannst du wie bei einem Bonbon eindrehen. Damit bleibt die Rolle kompakt und nichts fällt heraus. Stelle sie etwa 30 Minuten kalt.

4. Entferne nun die Folie und schneide beide Enden der Brotrolle ab. Bestreiche die Rolle vollständig mit der zweiten Portion Crème fraîche und fahre mit den Zacken einer Gabel hindurch. Reibe dann noch einmal Parmesan darüber und streue den Mozzarella darauf. Backe die Rolle für 20 Minuten bei 200 °C.

5. Nimm das Gericht aus dem Ofen und setze nun die Eigelbe in einer Eierschalenhälfte auf die Rolle. Drücke mit den Schalen jeweils leicht in die Rolle, sodass kleine Kuhlen entstehen. Backe alles zusammen weitere 5 Minuten bei derselben Temperatur.

6. Kippe zuletzt die cremig gewordenen Eigelbe aus der Schale in die jeweilige Kuhle und streue etwas Petersilie auf die Rolle.

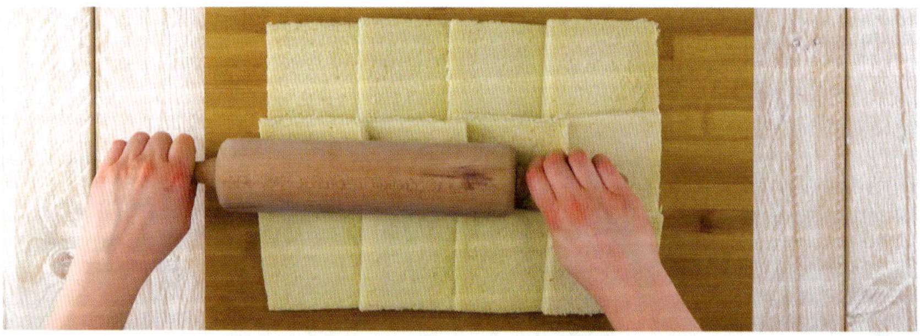

Das Rezept als Video: www.leckerschmecker.me/carbonara-rolle/

Tomaten-Mozzarella-Quiche mit Bacon

Dafür brauchst du:

Mini-Mozzarella-Kugeln	28
fertigen Mürbeteig	1
Frischkäse	200 g
Milch	200 ml
Bacon gewürfelt und gebraten	100 g
geriebenen Käse	85 g
Tomaten	7
Eier	5
Salz	
Pfeffer	

Zubereitung	ca. 30 Min
Umluft	160 °C – 15 Min
	170 °C – 30 Min
Portionen	6–8

So geht's:

1. Schneide zuerst den „Deckel" der Tomaten ab und höhle sie mit einem Löffel aus.

2. Vermische nun den Frischkäse mit den Eiern, der Milch, dem Bacon sowie dem Käse und würze alles mit Salz und Pfeffer.

3. Lege eine Quicheform (Durchmesser: 32 cm) mit dem Mürbeteig aus und stich ihn mehrmals mit einer Gabel ein. Backe ihn für 15 Minuten bei 160 °C.

   Tipp: Du kannst den Mürbeteig natürlich auch ganz leicht selbst herstellen: Verknete 250 g Mehl mit 150 g in Stückchen geschnittener, kalter Butter, einer Prise Salz und einem Ei. Forme den Teig zu einer Kugel und stelle ihn, in Folie gewickelt, 30 Minuten kalt, bevor du ihn ausrollst.

4. Verteile die ausgehöhlten Tomaten auf dem Mürbeteig und gib je 4 Mini-Mozzarella-Kugeln in jede Tomate. Fülle die Quicheform dann mit der Frischkäsemischung auf. Nun kommt dein Werk nochmal in den Backofen: Diesmal wird es für 30 Minuten bei 170 °C gebacken.

Das Rezept als Video: www.leckerschmecker.me/tomate-mozzarella-quiche/

DAS LECKERSCHMECKER-TEAM

Sie machen es möglich:

Joana
Herstellungsleitung

Marco
Herstellungsleitung

Patrick
Herstellungsleitung

Josch
Herstellungsleitung

Quan
Kamera/Schnitt

Sven
Kamera/Schnitt

Niklas
Kamera/Schnitt

Ju
Kamera/Schnitt

Olli
Kamera/Schnitt

Michi
Kamera/Schnitt

Nico
Kamera/Schnitt

Juliana
Rezeptrecherche

Gregor
Koch

Cristina
Köchin

Olli
Koch

Hannes
Koch

Steven
Schnitt

Julia
Schnitt

Maria
Social-Media-Redaktion

Lara
Buchlayout

www.leckerschmecker.me
facebook.com/leckerschmecker.me
instagram.com/leckerschmecker.me
pinterest.de/leckerschmeckerme
youtube.com/leckerschmecker

Media Partisans GmbH
Berliner Str. 89
14467 Potsdam
ISBN: 978-3-9819299-6-6

Printed in Germany by
Westermann Druck Zwickau GmbH

Projektleitung
Paul McCormick

Redaktionsassistenz
Ina Bauseneik

Lektorat
Martin Breit
Alexander Schölch
Christoph Beck

Text
Franziska Bauer
Benjamin Krüger
Britta Meyer
Isabell Griesert